JN060645

〈カラー参照図〉　本文出現順と違う場合もあります。

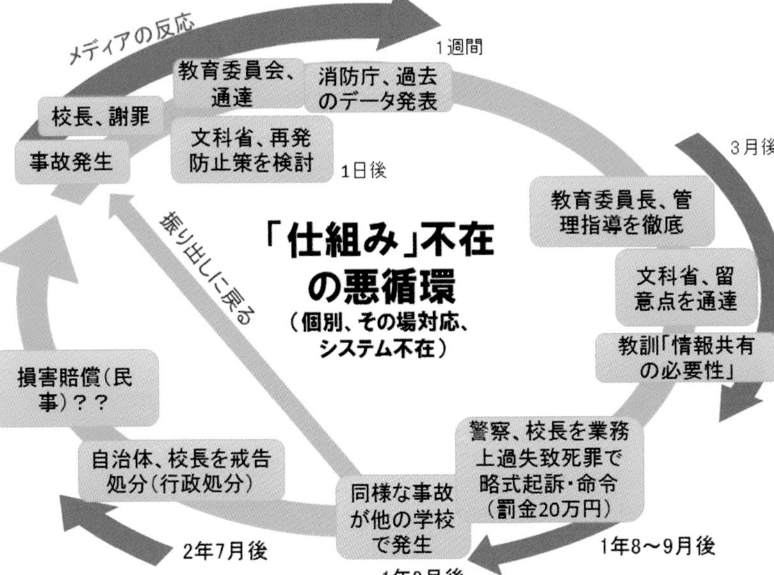

図２－２　天窓事故に見る事故発生後の典型的プロセス（筆者作成）

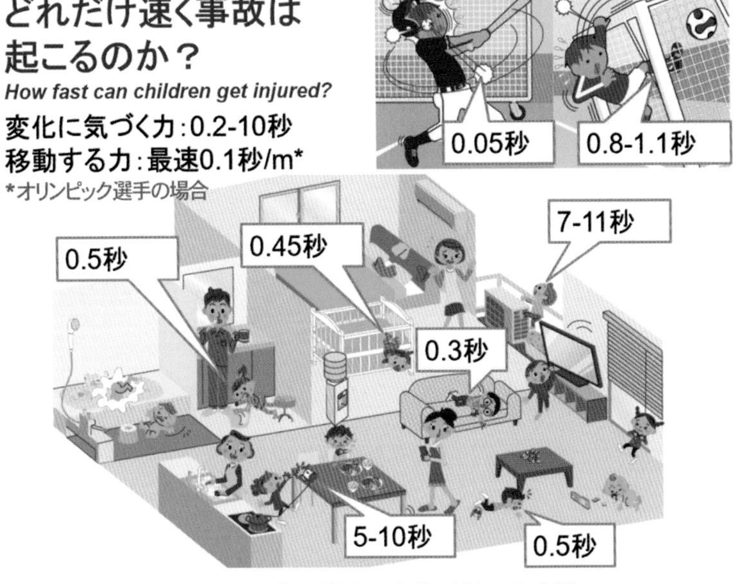

図２－５　身の回りの事故が起こる時間

子どもの事故の発生メカニズムの３つの相（Injury Phase）

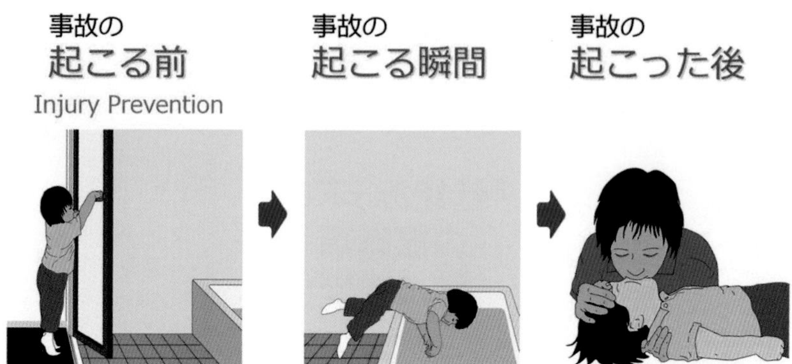

図２－６　事故が起こる前，起こった時，起こった後の３つのフェーズ

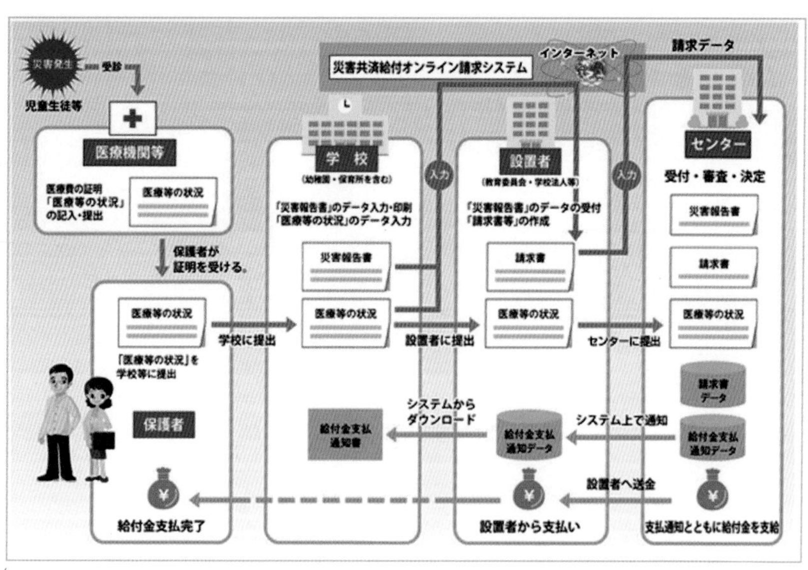

図３－３　申請から給付金を受け取るまでのチャートフロー

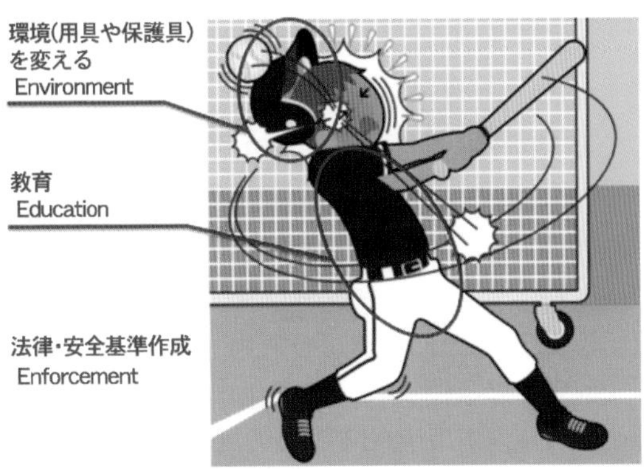

図2－8　傷害を予防する３つのＥのアプローチ

図３－４　日本スポーツ振興センターの学校安全 Web にある学校
安全支援コンテンツ画面

図３－９　ぶらさがりによって発生する力の計測実験（左）とゴールの転倒実験（右）

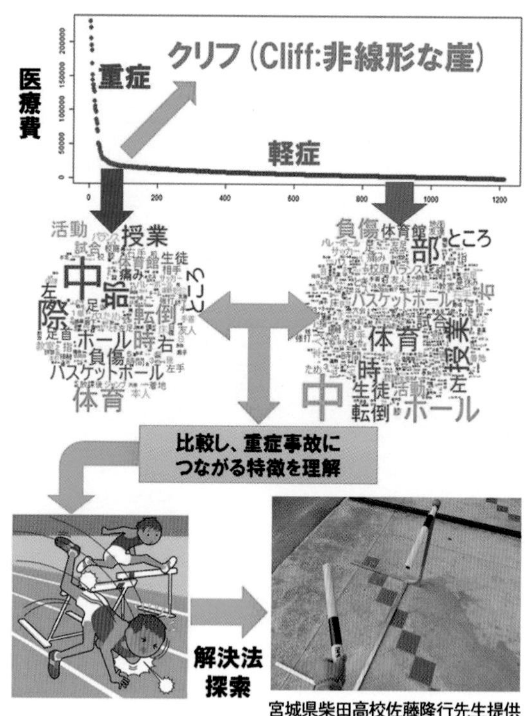

図３－10　人工知能を活用した傷害予防の可能性
（重症事故状況の自動抽出）

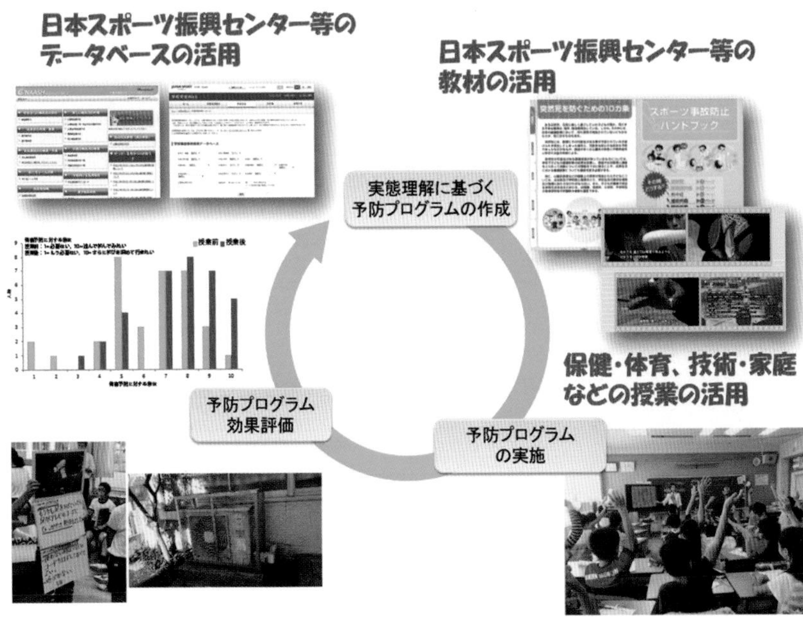

図４－１　日本スポーツ振興センターのデータベースを活用したデータに基づく傷害予防

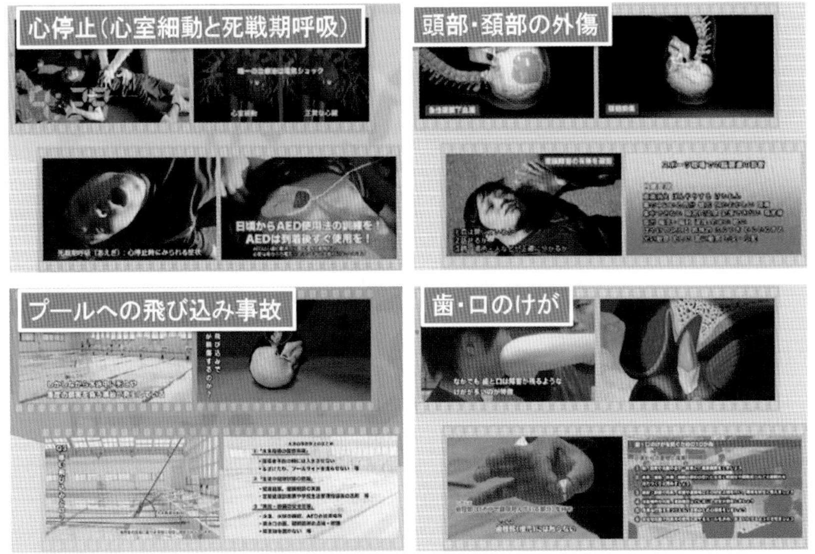

図４－２　啓発に活用可能な教材の例（スポーツによる傷害の予防[2]）

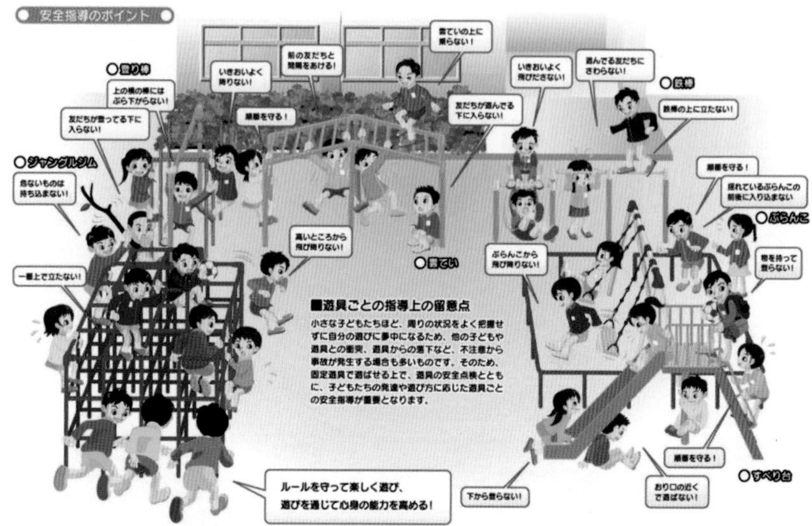

図4－3　啓発に活用可能な教材の例（遊具による傷害の予防[3]）

図4－6　日本スポーツ振興センターのデータを核として学校安全を進めるエコシステム

	普段通りに水分をとりましょう
	コップ1杯の水分をとりましょう
	1時間以内に250mlの水分をとりましょう 屋外あるいは発汗していれば，500mlの水分をとりましょう
	今すぐ250mlの水分をとりましょう 屋外あるいは発汗していれば，500mlの水分をとりましょう
	今すぐに1,000mlの水分をとりましょう この色よりも濃い，あるいは赤／茶色が混じっていたらすぐ病院へ行きましょう

図6－1　尿カラーチャート（筆者が改編）

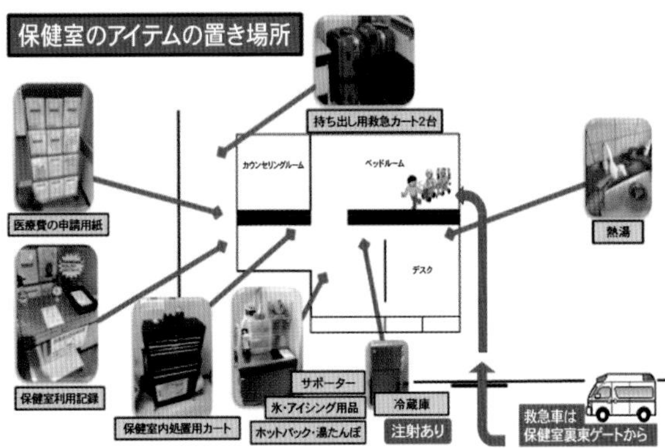

図7－1　保健室の図面（アイテムの置き場）

図7－2　普段の危機管理マニュアルの掲示

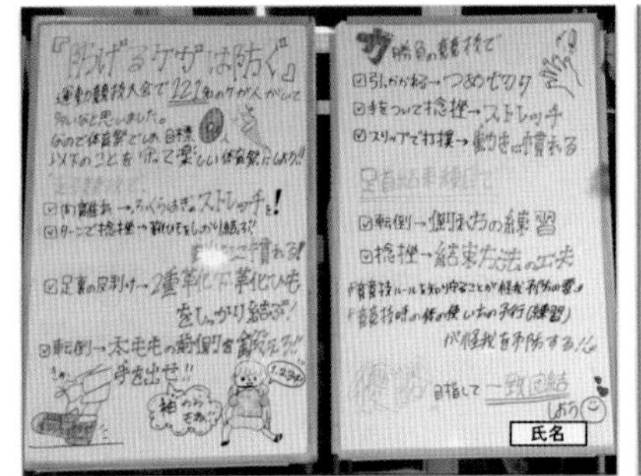

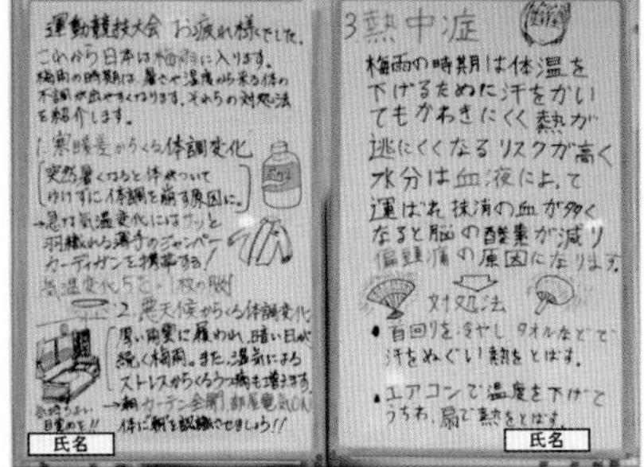

図7－5　保健ボード

①救護所の運営

②WBGT の設置・確認

③キズの処置

④アイスパックの固定

⑤アイスパックの作成

⑥応急処置の補助

⑦安全に活動が行えているかの確認(見守り)

⑧いつでも対応できるように準備している様子

図7－7　RESCUE TEAM（保健委員会）の活動

SCHOOL HEALTH SCALE®（ケガ用）

子供のための共通のものさしを使った学校健康管理

基本情報			ケガ情報	
学年	クラス	番号	いつ	10 月 21 日 17 時頃 体育・(部活)・その他（　　）
1	4	6	どこで	学校の体育館　何をしてる時　バスケットボール
名前			どうなった	バスケットボールのゴールした1対１をいている時、私がシュートを打った時に相手と接触し、転倒。着地の時に左足首を内側に捻った。捻った時にバキッと音がした。
○○　○○			応急処置	アイシング２０分2回
部活動			診断名（負傷名）	右足関節内販捻挫　（前距腓靭帯　踵腓靭帯）　試合復帰までの目安　30 日
バスケットボール				
復帰したい日				
1か月後の新人戦				

レベル	1			2			3			4			5			6			+a		
活動の目安	絶対安静			←日常生活に戻す→			ADL(日常生活→運動へ)						←スポーツの動きに戻す→			RTP（試合復帰）			←レベルアップトレーニング→		
	痛みや炎症があり全く動かすことができない状態			補助や装具などをつけて日常生活をする状態			日常生活に支障はないが運動の負荷がかけられない			低い負荷の動作や競技の基本練習などに少しずつ復帰（部分練習参加）			高い負荷の動作や競技の対人練習・応用練習などに少しずつ復帰（全部練習参加）			ケガをする前のレベルに心身共に回復した状態			ケガの前よりもレベルアップした状態		
自分の感覚（日付を記入）	10/1						10/7		10/12			10/16			10/23				10/24		
医療機関評価　総合評価（日付を記入）	10/2				10/7																
組織の状態（○△×）	×				○				○			○			○				○		
関節可動域（○△×）	×				△				○			○			○				○		
筋力（○△×）	×				×				△			△			○				○		
その他　スポーツ動作	×				×				×			△			△				○		
その他																					

MEMO

受診前に自分で記入
診察で先生に聞いて記入

レベルごとに聞いてくる内容
①やってはいけないこと
②自分でできるリハビリメニュー
できれば写真を撮らせてもらいましょう

schoolhealthscale@gmail.com

図7－8　SCHOOL HEALTH SCALE®

学校リスク論

内田　良

学校リスク論（'22)

装丁・ブックデザイン：畑中　猛

s-63

まえがき

教育は，子どもの成長を願って営まれる。学校の日常生活において，あるいは各自の発達段階に応じて，子どもはさまざまな課題に直面し，それを乗り越えて成長していく。子どもに寄り添いながらその成長した姿を目の当たりにしたとき，教師冥利が実感される。

上記の「さまざまな課題」をそのまま「さまざまなリスク」に置き換えても，同じことが言える。リスクを乗り越えたその先に，子どもの成長があり，教師冥利がある。

だがそれが，リスクを単純に正当化したり，リスクを放置したりすることにつながってはならない。教育界に流通する「成長」や「教師冥利」の物語は，リスクの存在をかき消し，それがリスクを温存し再生産しかねないというリスクを内包している。

本書は，リスクを乗り越えようと急ぐ前に，まずはリスクを冷静に見つめるところに重きを置いている。子どもは学校で一日の大半を過ごす。スポーツ活動中の事故もあれば，いじめや不登校，教師からの体罰もありうる。指導する側においても，それらの業務にかかる法的な責任や心身の負荷が考慮されなければならない。学校生活に潜むリスクとその対応は多岐にわたる。それら多種多様なリスクに冷静に向き合うには，リスクの種別に応じた専門的なアプローチが必要である。

本書では，学校管理下の教育活動に付随するさまざまな損害を「学校リスク」と総称する。そして本書『学校リスク論』には，教育関係者向けの書籍一般からは区別される，大きな特徴が２つある。

第一の特徴が，その学際性である。学校を舞台にしているものの，執筆陣は学校教育を必ずしも専門としているわけではない。第1章の総論につづき，第2章～第4章は安全工学の視点から，第5章～第7章はスポーツ科学の視点から，第8章～第10章は社会学の視点から，第11章～第13章は法学の視点から，第14章～第15章は学校教育の視点からのアプローチである。学校リスクが「成長」や「教師冥利」という教育の物語で片付けられてしまわぬよう，学校教育の外部の専門知に，学校リスクの診断と対応を求めた。

第二の特徴が，子どもと教師の両者のリスクを取り扱っている点である。通常「学校安全」「学校のリスク」といった枠組みが対象とするのは，子どもの学校生活である。学校教育が子どものために提供される以上は，本書も，子どもの安全・安心に主眼を置いている。だが，子どもの安全・安心を保障するためには，教師もまた安全・安心に学校生活を送る必要がある。教師が自分や同僚の心身に生じうるリスクへの感覚を磨くことで，それが総体的に子どもを含めた安全・安心な学校づくりの推進につながっていくことを，本書は目指している。特に第11章～第15章では子どものみならず教師をも射程に入れて，横串で学校のリスクを読み解いている。

このように，第一に学際性を重視し，また第二に子どもと教師の両者のリスクに着目する点で，本書の制作は執筆陣にとってチャレンジングな取り組みであった。それゆえ本書には，学校教育の領域には収まらない多様な論点や言い回しもある。そこはあえて各執筆者の専門性にゆだねることとした。流儀を設けず，まずはリスクに向き合っていこう。

2020年にはじまる新型コロナウイルスの感染拡大は，子どものみならず大人を含めて，学校のあらゆる構成員において安全・安心の確保が重要であることを，全国津々浦々にわたって一斉に問うこととなった。学校は安全か。感染拡大が収束すればそれでよいのか。リスクを考えることはけっして後ろ向きではない。学校教育にかかわるすべての者が，安全・安心に日常を送られるようになることが目指される。冷静に「学校リスク」を直視するそのまなざしの先には，明るい未来が待っている。

2021年10月
主任講師　内田　良

目次

1 「学校リスク」を俯瞰する

内田 良

《目標＆ポイント》 多義にわたる「リスク」概念を，「実在」と「認知」の観点から整理します。また，本書で用いる「学校リスク」の射程を明らかにします。
《キーワード》 リスク，教育，学校化

1. なぜ「リスク」を問うのか？

（1） 学校教育におけるリスク

私たちの世界は，リスク（risk）に満ちあふれている。落ち着いて本書を手にとっているこの瞬間でさえ，あなたはいつイスから転げ落ちるかわからないし，空から隕石が降ってくることも絶対にないとは言えない。

学校にもリスクは遍在している。しかも子どもも教師も日中の多くの時間を学校で過ごすがゆえに，学校管理下のリスクはその種類も量も膨大である。本書では，それら学校管理下の教育活動に付随するさまざまな損害を「学校リスク」と総称する。

学校リスクを考えるにあたって重要な点は，学校の活動にはリスクを見えにくくする作用があるということだ。学校で子どもに対して意図的に提供される各種活動は，基本的にすべてが「教育」である。授業だけではなく，学校行事や部活動，食事のとり方や清掃の方法もすべて教育活動である。「教育」とは，「望ましい知識・技能・規範などの学習を促

進する意図的な働きかけの諸活動」(『広辞苑』(第七版)) を指す。望ましい知識・技能・規範を提供するということは，教育に無駄なものはなく，すべて「子どものため」に必要なことである。学校のあらゆる活動はこうして，つねに正当化されることになる。

リスク研究の分野では，「リスク」を検証する際にその対になる言葉として「ベネフィット」(便益) が措定される。たとえば，暴風雨の中でコンビニに行こうとすれば，欲しいものが手に入るけれども，途中で身体がびしょ濡れになったり思わぬ事故に遭ったりするかもしれない。手に入れたいというベネフィットを重視する (＝コンビニに行く) か，びしょ濡れになってしまうというリスクを重視する (＝コンビニには行かない) か。

私たちは常に，リスクとベネフィットを天秤にかけながら日常生活を送っている〔図１-１〕。それは学校生活にも当てはまる。しかしながらその一方で，学校で行われる「教育」という名の営みは，「望ましい知識・技能・規範」が提供されるという点で，ベネフィットそのものである。事あるたびにくり返される「子どものため」というフレーズもまさ

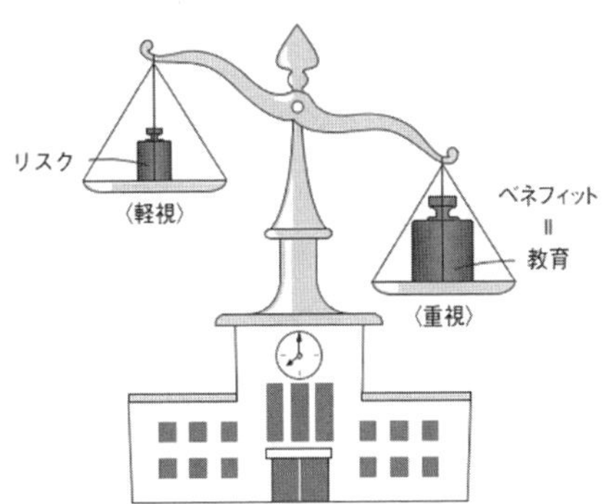

図１-１　学校教育におけるリスクとベネフィットの関係

に，「子どものベネフィットを考えて」という意味である。

ケガをする危険性がきわめて高い巨大組み体操も，子どもの心身を傷つける危険性が高い体罰も，かつては子どもの成長を促す有効な方法の一つだと考えられてきた。巨大組み体操であれば子どもの間に達成感や一体感が生まれる。頬に平手打ちをすれば，教師の真剣な思いが伝わり，子どもは物事に真剣に取り組むようになる。そう意義づけられてきた。ベネフィットが優先される状況下では，リスクは軽視されやすくなる。だからこそ，ベネフィットではなく，あえてリスクの側面を強調し，リスクを見える化する必要がある。

教師は，かつて子どもという立場で小学校から高校（＋大学）までの長期にわたる教育活動を体験済みである。多くはその自身の体験をある程度ポジティブにとらえているからこそ，教職の道に進む。ここに，学校教育は再生産される。これは，「生存（者）バイアス」の論理に通じるもので，すなわち成功者を基準に物事を見てしまい，それまでに失敗して離脱してしまった者の経験が考慮されにくくなる。このようなバイアスを最小限に抑えるためにも，リスクへの着目は有効である。

（2） 実在と認知

「リスク」について述べる際に多くの論者が指摘するのは，リスクの概念がきわめて多義的にまた学際的に用いられてきたということである。

それらの多義的で学際的なリスク概念の両極には，リスクを客観的な特性として取り扱う実証主義的な立場と，文化的・社会的な産物として取り扱う社会構築主義的な立場がある。前者では，リスクは出来事や活動の客観的な性質とみなされ，また明確に定義された悪影響の確率として測定される。損害の確率と規模の客観的な測定に基づいてリスクは順序づけられ，最も脅威的なリスクが優先されてそれを減らすためにリソースが配分される。後者は，さまざまな基準に基づいてリスク管理が行われ，その優先順位は社会的価値観や生活志向を反映したものとなる（Renn 1992)。

前記の両極はよりシンプルに，リスクの「実在」とリスクの「認知」と表現できる。リスクの「実在」とは，客観的な事態としてリスクが存在するということであり，それゆえその実在が数量的な方法などを通して明示されて対策が立てられる。リスクの「認知」とは，実在はたしかにあるとしてもその見え方がさまざまな条件に左右されるということであり，その条件を考慮しながらリスク対策のあり方が議論される。

リスクの実在は，それが数量化と連動していることからもわかるように，工学や医学，地球科学，生物学などいわゆる理系の分野（ならびに経済学）を中心に議論されており，一般に目にするリスク関連の文献や記事の多くがこれに該当する。一方でリスクの認知は，心理学や社会学，人類学などいわゆる文系の分野を中心に議論されている。

2. リスクの数量化：「実在」をめぐる論点整理

（1）　事象の発生確率

リスクの実在については，先述のとおり，その具体像は数字を用いて表現される。そこに通底する，リスクの基本的な考え方がある。すなわち，リスクとは「確率」を含んだ概念である（Denney，2005)。

リスクは，単なる危険を指すのではなく，損害が生じる「確率」を含意する。この見地は，ある種の損害がどの程度発生しやすいのかを知りうること以上の利点を生む。すなわち，ある種の損害と他の種の損害の発生確率を比較（それは交通事故による死亡と肺がんによる死亡のようにまったく性質の異なる損害の比較であってもよい）することで，多様な損害のなかでもどれが実際により生じやすいのかを知ることができる。

さらに，生じやすい損害の種類がわかれば，そこにリソースを投入して，安全確保をより効率的に達成することも可能となる。「リスク＝確率」の見地は，リスクの比較という視点を導き，実質的な安全を確保するための道を開く。

ところで，実在とはどのように数えあげればよいのだろうか。犯罪社会学の分野で指摘されてきたように，軽微な犯罪では「暗数」が多く存在するために実在の件数（平たく言えば，本当に起きている件数）を把握することは困難である。一方で，殺人では発生したときそのほとんどが発覚・検挙され公式統計としてカウントされるため，その検挙人員数は，実在を把握するのに適している（河合 2004）。リスク比較を行った初期の代表的な研究者として知られるWilsonは，日常の行為（喫煙，飲酒，原子力発電所付近の居住等）のなかでどれが損害の程度が高いのかを調べるために，各行為の死亡者数から得られる死亡確率を利用した（Wilson 1979）。もちろん，死亡関連の統計以外でも実在をつかむことは可能である。いずれにしても，実在をカウントするには，統計資料の読み方に慎重を期す必要がある。

（2） 損害の発生確率×損害の大きさ

ISO（国際標準化機構）とIEC（国際電気標準会議）が共同で発行するISO/IEC Guide 51という指針がある。1990年に策定され，改訂版が1999年に，三訂版が2014年に発行されている。安全に関する国際規格はこのガイドラインに従って作成されており，製品やシステムなどの設計者・製造者，サービス提供者，さらには政策立案者などさまざまな分野で参照されている。

ISO/IEC Guide 51では，リスクとは「損害の発生確率と，その損害の大きさとの組み合わせ」（combination of the probability of occurrence of harm and the severity of that harm）と定義されている。ここにおいても確率は，リスクを評価する際の重要な指標である。ただし，「損害の発生確率」が小さくても，その「損害の大きさ」が甚大であれば，それは深刻な問題である。たとえば，巨大地震の発生確率は小さくてもその被害はきわめて大きく，またバンジージャンプで命綱が切れることは起きないはずだが起きてしまえば命に関わる事態となる。その意味で，「組み合わせ」が意味を持つ[1)]。

そしてISO/IEC Guide 51では「安全」は，「リスク」を裏返したかたちで定義されている。すなわち，「安全」とは「許容不可能なリスクがないこと」（freedom from risk which is not tolerable）を指す。ここでは「許容できるリスク」があるということが前提とされており，リスクとは全面的に回避すべきものではなく，どこかの段階で受け入れなければならないものである。「安全学」を展開する向殿政男はこの国際基本安全規格における「安全」観を，「絶対安全やリスクゼロをはじめから放棄していて，安全といっても許容可能なリスクは存在している状態ということである」と整理する（向殿 2016）。

私たちはこの世に生を受けた時点で，死亡確率100％というリスクに直面する。そして私たちの生活は，数多のリスクにさらされている。冒頭で述べたとおり，突然に，隕石が落ちてくることも絶対にないとは言えない。ゼロリスク（絶対安全）は幻想に過ぎない。リスクというのは，私たちはどこかで受け入れなければならない。だが念を押すならば，そのことをもって「子どもにケガはつきものだ」と開き直ってはならない。

1）　補足までに，リスクマネジメントの国際規格であるISO31000では，リスクは「目的に対する不確かさの影響」（effect of uncertainty on objectives）と定義されている。今日ではこの幅広い定義も知られるようになってきているものの，これは金融リスクや経営戦略リスクのように何らかの決断が損失にも利益にもつながりうるような側面を強調したもので，ポジティブな影響を含んだものである。一方，本書で取り扱う「学校リスク」は，何らかの損害を意味している。その点では，本書でリスクの実在が言及される際には，ISO/IEC Guide 51の定義の範疇で理解してもらうほうがよい。

リスクも安全も，0か100の話ではない。体育の授業で「スポーツにケガはつきものだ」と言って，靴紐がほどけたまま走ることをよしとはしないだろう。靴紐は結ぶ。それでも転ぶことはあるかもしれない。リスクとは基本的に回避すべきものだけれども，どこかで許容すべきものでもある。

3. 見えないリスク：「認知」をめぐる論点整理

（1） 社会学のリスク論

次に，リスクの認知の側面について考えたい。

社会科学の領域において「リスク」研究の大きな潮流をつくりだしたのは，社会学者の Beck による「リスク社会」（Beck 1986＝1998）論である。Beck は，科学が発達した今日の社会でリスクが増大しているととらえる。だがそうした今日的な新しいリスクは，人間の知覚能力では認識することができない。そこでリスクの認識は，再びまた科学の知識に依存しなければならない。Beck のリスク論は，「科学の発達──→リスクの増大」という「実在」レベルでの被害の拡大を扱いつつも，他方で「科学の発達──→リスクの知覚」という人びとの「認知」の側面に言及する。

また社会学者の Luhmann による「リスクの社会学」（Luhmann 1991＝2014）は，人びとが将来の被害をどのように観察しているのかを観察する（セカンド・オーダーの観察）という立場からリスクを論じる。Luhmann によると，社会の複雑性が増大するなかでの「決定」を軸として，「リスク（Risiko, risk）／危険（Gefahr, danger）」の区別を考えなければならない。「危険」とは，未来の被害の可能性が，自分以外の誰か・何かによるものであり，「リスク」とは未来の被害の可能性が，自分の「決定」に帰属されるものである。

「実在」を必ずしも根拠としない「リスク」の見方は，Beck や Luhmann 以前に人類学において提起されてきた。Douglas らに代表される文化理論は，なぜ人びとはある種の損害に関心を寄せ，他の損害を無視するのかという問いを出発点とする（Douglas and Wildavsky 1982）。ある出来事がリスクとみなされるかどうかは，文化や社会関係によって相異するのであり，その意味でリスクとは「選択」される性格のものである。

また心理学では，リスクはまさに「認知」の問題として扱われてきた。心理学において「リスク認知」研究の礎を築いたSlovic は，一般市民における多種多様なリスクの認知は，「恐ろしさ」と「未知性」という二因子から構成されることを見出し，さらには各種損害に対する危険度の評価が専門家と市民の間で相異することを明らかにした（Slovic 1987）。

（2） 認知の歪み

リスク対策はしばしば，「事件衝動的（event driven）」（OECD 2005＝2005）であると評される。学校に不審者が侵入して子どもに危害を加えれば，校門は閉鎖され防犯カメラが配備される。登校中の地震によりブロック塀が倒壊して子どもを直撃すれば，点検が実施されてブロック塀の撤去や補強が行われる。本来であればもっと早くから対策が施されてしかるべきだったかもしれない。その是非はここでは問わないとして，いずれにしても全国ニュースになるような重大事案が発生すると，当該自治体あるいは日本全体が敏感になり，当該事象への対応が一気に進む。

このとき，限りあるリソースが，特定のリスクに重点的に配分されることになる。ある一つのリスクへの重点的な資源配分は同時に，別のリスクに対する資源配分の削減を導く。たとえば不審者対策のために学校内に防犯カメラを設置した際の経費は，他のリスク回避（熱中症対策，アレルギー対策など）にまわすことができたかもしれない経費である。したがって，事件衝動的な資源配分とは，当のリスクだけにとどまらない，リスク全体を見渡すなかで検討されるべき課題と言える。

ただし，事件衝動的であること自体は必ずしも問題ではない。事件衝動的なリアクションは「科学的根拠に基づいた（evidence based）」視点から常に精査されなければならない。つまり，たとえば事故件数やその発生確率が大きい，あるいは被害の規模が大きいなど，何らかのデータをもとにしたときに，その衝動はむしろ必要なものと判断されることもある。科学的根拠の裏付けがあるなかでの事件衝動的な反応は，安全の推進において重要な役割を果たす。

本書のゴールは，リスクの認知（の歪み）を描き出すことではない。最終的には，リスクの「実在」にアプローチして実質的にリスクを低減すること，すなわち学校教育にかかわるすべての者がたしかに安心で安全な学校生活を送ることを追求する。

4. リスク対策を俯瞰する

(1) リスクとリスクのトレードオフ

Graham と Wiener らは，『リスク対リスク』という著書の中で，「特定のリスクを減らそうとよく考えてした努力が逆に他のリスクを増やしてしまうことになる」（Graham and Wiener eds. 1995＝1998：1）現象を「リスク・トレードオフ」と呼んだ。低減すべきリスクに対処したところ，別のリスクが「副作用」のようなかたちで生じる。たとえば頭痛を減らすためにアスピリンを服用したとき，胃痛や潰瘍が引き起こされるような事態である。「あちら立てれば，こちらが立たぬ」ということだ。

2020年から2021年にかけて世界的に大流行した新型コロナウイルスの感染拡大に際しては，夏の時期に，マスク着用の副作用が懸念された。エアコンが効いた空間で，マスクを着けて授業を受けるだけなら，それほどしんどいことはない。だが，マスクを着用しさらにはそこでしばらく歩こうものなら，すぐに息苦しさが増す。一つのリスク回避に固執していては，結果的に別のリスクが高まることがある。

トレードオフは個々人の選択において生じるだけではない。学校管理下で子どもが直面する何らかのリスクが「認知」されていないからと，エビデンスでその「実在」が明らかにされたとき，対策を徹底すべく具体的な行動を求められるのは教師集団である。しかしながら，教師集団というリソースは無限にあるわけではない。

教師は長時間にわたって働いていることが問題視されており，これ以上教師の負担を増大させれば，その過労リスクは高まるばかりである。子どもを守るためには教師に尽力してもらう必要があるかもしれないが，しかしながらその過程で教師が倒れてしまっては，意味がない。むしろ，教師が健康でいて時間にゆとりがあってこそ，子どもの安心・安全に十分に手間暇をかけることができると考えたほうがよいかもしれない。

単純に一つのリスクを問題視して，そのリスクが小さくなればよいというわけではない。対策を講じて何らかのリスクが小さくなったときに，そのしわ寄せが新たなリスクを生み出していることにも目配りする。本書の「学校リスク」論は，学校管理下のリスクを総体的に把握し，マネジメントすることを目指している。

（2） 学校化した市民

冒頭で述べた巨大組み体操を含め，本書で取り上げる「いじめ」「不登校」「スポーツ傷害」「熱中症」「部活動」など，学校管理下のリスクに言及する際に，基本的に学校側の営為は，学校の外部から批判されるという構図をとることになる。これは端的に，「学校の常識は世間の非常識」と表現されることもある。マスコミ報道にもしばしば見られるように，私たちは「学校叩き」を好む。

しかしながら，具体的なアクターを想定しながら視野を拡げていくと，複雑な状況が見えてくる。たとえば，部活動中に顧問の教師が生徒に暴力を振るい，マスコミがそれを大々的に報じたとしよう。その教師に対して保護者が怒りの声をあげているかと思うと，意外にも処分軽減を求める署名活動が起きていたりする。巨大な組み体操に最も盛大な拍手喝采を送ってきたのは保護者と地域住民であり，学校側が巨大組み体操を自粛しようとしたときに最も抵抗するのもまた保護者と地域住民であったりする。学校問題はときに，学校側だけではなく，保護者や地域住民側の問題としても考えねばならない。

学校リスクの責任はもちろん，第一義的には学校側にある。しかし学校リスクの生起から対策（の放棄）まで，学校・保護者・地域住民がいっしょに同じ方向に進んでいることがある。保護者・地域住民を，学校の対極に置いて「学校の常識」を批判していると想定することには慎重さが求められる。

「学校化」という言葉がある。Illich はこの言葉を用いて，学校的な価値が制度に組み込まれた社会（例：学校を卒業すれば一人前とみなされる社会，学校で受動的に知識を受け入れることが是とされる社会）を，批判的に考察した（Illich 1971=1977）。宮台真司はやや文脈を変えて，偏差値重視の学校的価値が社会の隅々にまで浸透した状況を，「学校化」と表現した（宮台・藤井 1988）。そこに通底するのは，学校の価値観が唯一絶対の力を持っていることに対する危機感である。

「学校化」という概念において想定されているのは，学校が影響を与える側で，社会（に生きる市民）はその影響を受ける側というベクトルである。だが，そのようにして市民が学校化してしまったときに，いったい何が起きるだろうか。今度は，学校が自らを変革しようとしても，市民の側がそれを許さないという，逆向きのベクトルが活性化しうる。学校内部の自浄作用を，外部の側が思いとどまらせようとする。学校の変革にとって障壁となっているのは，ときに学校内部の構成員ではなく，その外部の市民である。

学校化した社会というのは，市民もまた学校的価値観に賛同を示す社会である。学校を卒業した私たちは，十分に学校化されている。市民の方こそ，「教育」を信奉し，学校の安心・安全を脅かす存在かもしれない。単純に学校や教師批判をして事足りてはならない。「学校リスク」とは，学校を支えている私たち自身の教育観を問い直す作業である。

学習課題

1．学校生活において子どもが遭遇するリスクを３つ挙げて，それが１年間に何回くらい起こりうるかを数え上げ，順番に並べる。
2．教育活動のなかで，ベネフィット（教育的意義）によってリスクが見えにくくなっているものを挙げる。

引用・参考文献

・Beck, Ulrich（1986）Risikogesellschaft: Auf dem Weg in eine andere Moderne, Suhrkamp Verlag.,（=1998, 東廉・伊藤美登里訳『危険社会―新しい近代への道』法政大学出版局）

・Denney, David（2005）Risk and Society, London: Sage Publications.

・河合幹雄（2004）『安全神話崩壊のパラドックス――治安の法社会学』岩波書店

・Douglas, Mary and Aaron Wildavsky（1982）Risk and Culture: An Essay on the Selection of Technological and Environmental Dangers, University of California Press.

・Graham, John. D. and Jonathan B. Wiener eds.（1995）Risk vs. Risk, Harvard University Press.,（=1998, 菅原努監訳『リスク対リスク』昭和堂）

・Illich, Ivan（1971）Deschooling Society, Marion Boyars.,（=1977, 東洋・小澤周三訳『脱学校の社会』東京創元社）

・Luhmann, Niklas（1991）Soziologie des Risikos, Walter de Gruyter.,（=2014, 小松丈晃訳『リスクの社会学』新泉社）

・宮台真司・藤井誠二（1988）『学校的日常を生き抜け』教育資料出版

・向殿政男（2016）「安全の理念と安全目標」『学術の動向』第240号, pp.8-13.

・OECD（2005）Lessons in Danger: School Safety and Security, OECD Publishing.,（=2005, 立田慶裕監訳『学校の安全と危機管理：世界の事例と教訓に学ぶ』明石書店）

・Renn, Ortwin（1992）"Concepts of Risk: A Classification," Sheldon Krimsky and Dominic Golding eds., Social Theories of Risk, Westport, Connecticut: Praeger Publishers, 53-79.

・Slovic, Paul（1987）"Perception of Risk," Science, 236：280-285.

・Wilson, Richard（1979）"Analyzing the Daily Risks of Life," Technology Review, February：41-46.

2 傷害予防の科学

西田佳史

《目標＆ポイント》 さまざまな事故事例を題材に傷害予防学や安全工学の歴史を振り返り，モラル・処罰に頼りすぎることなく，環境，啓発，安全基準の３つの視点（３E）を通じて，児童・教師の安全を確保する科学的アプローチを学ぶ。

《キーワード》 傷害，傷害予防，安全工学，PDCA

1．傷害とは何か？

人類の歴史を振り返ってみると，人は変化させることがたまらなく好きだ。むしろ，単調なことが苦手で，制止しようとしても隙を見て変化させようとする。人が持つ課題解決のために何かを変えようとする志向性は，多彩なイノベーションの歴史[1)]を見ると，ほとんど宿命のようなものである。一方で，変化がなかなか起こらない課題も数多くある。学校リスク論で取り上げる事故の問題がそうである。変化が起こる課題と起こらない課題，その両者を分かつのはどんな理由があるのだろうか？どうすれば，学校現場にも，人類が持っている得意技である改善やイノベーションの流れを持ち込むことができるだろうか？

平和学で著名なガルトゥング博士は，平和とは暴力がない状態ではなく，暴力を扱う能力を備えた状態であると述べた[2)]。安全も同じであろう。安全とは，事故・危険がなくなった状態のことではなく，事故・危険に正しく向き合い，事故・危険を扱う能力を備えた状態である。本節

1）マット・リドレー（2010），繁栄 明日を切り拓くための人類10万年史。
2）ヨハン・ガルトゥング，藤田明史編（2003），ガルトゥング平和学入門。

では，子どもを取り巻く事故の問題，傷害予防の歴史を概観した後，この問題にどのように取り組むことができるかについて基本的な考え方を述べたい。

まず初めに，傷害とは何かについて述べたい。医学領域では，「事故とは，予期せざる外的要因が短時間作用し，人体に傷害を与えたり，正常な生理機能の維持に悪影響を及ぼすものをいう」と定義されている。わが国では，意図的でない事故については「不慮の事故」と表記されるのが一般的で，人口動態統計でも「不慮の事故」として分類されている。不慮とは「おもいがけないこと。不意。意外。」（広辞苑）を意味し，保険関係では，被保険者が遭遇した事故が不慮の事故であったか否かを「偶然性」,「急激性」,「外来性」の３つで判断している。

「事故」を意味する英語として，以前はaccidentという語が使用されていたが，最近ではinjuryが使用されるようになった。accidentには「避けることができない，運命的なもの」という意味が含まれているが,「事故」は予測可能であり，科学的に分析し，対策を講ずれば「予防することが可能」という考え方が欧米では一般的となり，injuryという語を使用することが勧められている。一部の医学誌ではaccidentという言葉の使用を禁止している[3)]。

海外の学会では，accidentという言葉を聞くことはなく，すべて「injury」であり，injuryの前に「preventable」をつけて「preventable injury」という言葉を聞くことが多い。事故につける形容詞として,「不慮の」と「予防可能な」は正反対の考え方である。これは，事故を健康問題として考えるのか，それとも運命であり避けられないものとして考えるかの大きな違いとなっている。injuryに相当する日本語として「外傷」「損傷」「危害」などの言葉があるが，中国語ではinjuryを

3）日本学術会議（2008)，提言「事故による子どもの傷害」の予防体制を構築するために。

「傷害」と表記しており，今回はinjuryを「傷害」と表記した。「傷害」は当該事象によって何らかの被害をこうむった当事者と被害そのものを中心に置いている言葉であり，漠然と状況を表した「事故」という言葉から，当事者の問題へと視点を移動させることができる。

傷害は，意図しない傷害（unintentional injury）と，意図的な傷害行為（intentional injury）に分けられている。意図しない傷害には，誤飲・中毒，異物の侵入，火傷・熱傷，気道異物，窒息，溺水，交通事故，外傷，刺咬傷，熱中症，ガス中毒，感電などがあり，意図的な傷害行為には，自殺，他殺，暴力，虐待，戦争などがある。

子どもの事故による傷害は地球規模のグローバルな災害である。事故の1件1件の死亡数を見れば，大半は1人の死亡であり，一見すると大規模には見えない。しかし，日常的に繰り返されているが故に大規模化しているというタイプの大規模事故であり，現場に埋没されやすく，統計学的に捉えないとその法則性が見えにくい現象である。2008年12月，世界保健機構（WHO）は，子どもの傷害予防に関するワールドレポートをはじめて発表した[4)]。これによると，先進諸国だけでなく，発展途上国においても，子どもの事故は，主要な死因（すなわち健康問題）であり，全世界で少なくとも年間95万人の18歳以下の子どもが死亡している。日本でも，1965年以来，1歳以上19歳までのこどもの死因の上位は，事故に起因する傷害である[5)]。

また，学校現場に目を向けてみると，わが国では，学校管理下で発生する事故のうち，病院を受診した傷害（治療費が5千円以上）のものに関しては，独立行政法人の日本スポーツ振興センターの災害給付制度による事故事例が収集される仕組みが確立されている。これによると，学校管理下での環境で，災害共済給付を行った負傷・疾病は，1年に100

4）Peden M, et al. (eds.) (2008) World report on child injury prevention. WHO.
5）山中龍宏，北村光司，大野美喜子，本村陽一，西田佳史（2016），傷害予防に取り組む。

万件以上発生しており，これは，約10秒に１回，病院の受診の必要がある事故が起こっていることを意味しており，その実効的な対策が急務となっている[6)]。

年齢階級別に見た死因順位

年齢	第1位	第2位	第3位	第4位	第5位
0歳	先天奇形,変形及び染色体異常 617	周産期に特異的な呼吸障害等 263	事故 65	乳幼児突然死症候群 56	妊娠期間等に関連する障害等 50
1-4歳	先天奇形,変形及び染色体異常 151	事故 81	悪性新生物 73	心疾患 31	肺炎 23
5-9歳	悪性新生物 81	事故 75	先天奇形,変形及び染色体異常 38	その他の新生 14	心疾患/インフルエンザ 12
10-14歳	悪性新生物 114	自殺 99	事故 64	心疾患 23	先天奇形等 22
15-19歳	自殺 503	事故 240	悪性新生物 110	心疾患 32	脳血管疾患/先天奇形等 21

事故が第二位

図２－１　子どもの死亡原因（2018年人口動態統計）

2. 事故が起こったときの典型的な反応と予防に向けた科学的アプローチ

(1) 学校事故の社会的な反応

プールでの溺死，食品による窒息死，スポーツ関連死など，同じ事故死が同じように起こり続け，毎回，ニュースとして取り上げられている。これらはその時点だけの報道であり，経緯として最後まで取り上げられることはない。そこで今回，事故死が発生してからの経緯について，新聞データベースを用いて天窓からの転落死例のプロセス分析をしてみた〔図２－１〕[7)]。

6）日本スポーツ振興センター（2019），学校管理下の災害　令和元年版。
7）山中龍宏（2016）：事故死の現状とCDR（Child Death Review）。

2008年6月18日，東京都杉並区の小学校で6年生が天窓から転落して死亡した。翌日には，都教育委員会から安全点検・施設改善・安全教育の通達が出された。同じ日に，実は同じ事故が繰り返し起きていたことが判明したが，区の担当者は，「各地の事故は知らない」，「天窓に人は想定外」と述べた。その次の日には，校長から「学校設置者として責任を痛感し，心よりお詫び申し上げます」という謝罪が行われた。文科省からは，学校設備整備指針を見直すとの見解が述べられた。6月25日には，東京消防庁から3年間に同様の事故が15件あったと報告された。9月11日には，教育委員長から「危険な場所であるという意識が希薄化していたことが原因。管理・指導を徹底」と指摘があった。また同日，校長が「屋上には入らないこと」を引き継いでいないことが判明した。9月29日，文科省からは「学校における転落事故防止の留意点」の通達が出された。12月12日には，八王子市教育委員会から，はめ込み式金網を年度内に設置するとの報告があった。

2008年12月17日，警視庁は，校長と教諭を業務上過失致死の疑いで書類送検した。12月18日，1800人の全教職員がパソコンでヒヤリ・ハットを共有するシステムを2009年1月から稼働する予定と報道された。同日の毎日新聞では，「文科省は情報を一元的に集め，情報共有する仕組みを作るべきだ」と指摘された。

2010年3月30日，東京区検は校長（56）と担任教諭（51）の2人を業務上過失致死罪で略式起訴した。

2010年4月8日，杉並区の小学校とは別の小学校で，新たな天窓の事故が発生した。（鹿児島県霧島市の小学校で小学3年生が天窓から4m下に転落）4月9日，東京簡裁は，業務上過失致死罪で略式起訴された校長と教諭にそれぞれ罰金20万円の略式命令を出した。杉並区教委によると，2人は罰金を納付する意向と報じられた。

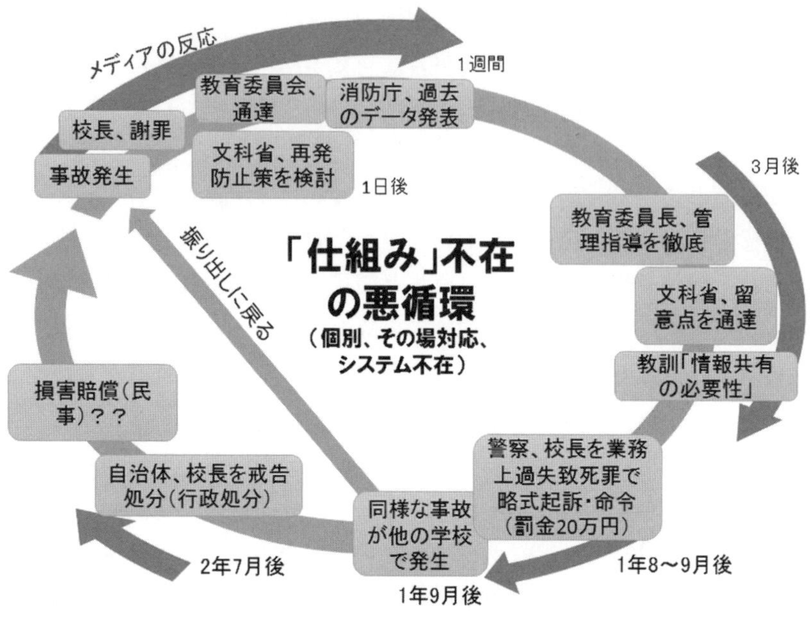

図２－２　天窓事故に見る事故発生後の典型的プロセス（筆者作成）

2010年11月24日，東京消防庁から，都内で2005年４月～2010年９月までに21人の子ども（12歳以下）が，天窓・ガラス製屋根から転落し，救急搬送され，15人は要入院であったと報告された。

2011年１月31日，杉並区小学校の校長は戒告という行政処分を受けた。

メディアは，最初は大きく取り上げるが，最後には７－８行の記事となり，以後，この事例について触れることはない。

学校管理下の事故に対しては，事故が起こった直後に，行政から通達として文書が送られるだけで，その対策としては，心構えの必要性や注意喚起となっている。それらに効果があったかどうかはまったく検証されていない。事実，同じ事故が起こり続けている。このように，たまたま管理者だった人の責任にして，事故の報道や事故への対応が収束してしまう。これらは対策にはなっておらず，また同じ事故が起こって振り出しに戻ることになる。すなわち現在は，予防ではなく，責任追及型の「加害者生産システム」となっている。

一方，交通事故に関しては，警察が細かく現場検証をし，その情報が交通事故総合分析センターに送られ，そこで詳しく分析されている。その結果から対策が考えられ，たとえば，違反の項目を増す，罰金の額を上げるなど具体的な対策が行われ，翌年に，新しい対策の効果を数値で評価している。すなわち，PDCA（Plan → Do → Check → Action）が稼働しており，きちんと効果評価が行われている。交通事故と同じように，学校管理下の傷害についても対策を考えて実行し，継続して評価を行っていく必要がある。今後は，加害者生産システムのループから，傷害予防のループに変えていく必要がある。

（２）傷害予防学の歴史

傷害予防学のあらゆる教科書に記載されている「ハッドンのマトリクス」で有名なハッドン（Haddon：1926－1985）は，ポスターやパンフレットを用いた注意喚起ではなく，環境改善を主体とした傷害予防へのパラダイムシフトと，そのための科学的なアプローチの必要性をいち早く指摘した人物である[8)]。〔図２－３〕にハッドンのマトリクスを示す。縦軸は，時間軸を表しており，横軸は事故の要因を表しており，各セルが改善すべき項目が示されている。

注意喚起という個人の「アクティブな」努力に頼らない方法である環境・製品の改善を「パッシブ」とはじめて呼んだのはこのハッドンである。1950年代の交通事故対策は，科学的な根拠が示されない専門家の

8）David Hemenway (2010), While We Were Sleeping —— Success Stories in Injury and Violence Prevention.

→ 要因
↓ 時間

	人 Host	動因 Agent, vehicle	物理的環境 Physical environment	社会的環境 Social environment
事故前	運転スキル 時間のプレッシャー（急いでいたか）	車のデザイン・ハンドル操作（アンチ・ロックブレーキ機能 車のメンテナンス状態など）	道路環境 スピード制限	公共交通機関よりも自家用車の利用することで発生する交通渋滞 シートベルト着用条例の順守
事故発生時	シートベルトの着用	エア・バッグは機能したか？ 車の大きさ・耐久性	天候による道路の凍結	救急対応の質 目撃者の応急処置能力
事故後	応急処置を知っているか 助けを呼ぶ能力（電話を持っていたか）	火災が発生する傾向度合	救急車の現場到着状況	救急サービスに一定の予算があるか

図2－3　ハッドンのマトリクス[8)]

「意見」によって，議論が進んでおり，彼は，専門家が集まる会議で，いつも，「どこにエビデンスがありますか？」と尋ねていたそうである。それは，専門家といえども，その「意見」は，しばしば間違っていたからである[8)]。本章でも，学校現場で，経験則や意見だけではなく，科学的アプローチが，どのようにすれば可能かについて考えていきたい。

（3）　見守り，監視だけで，事故による傷害を予防できる？

子どもの事故の対策というと，真っ先に思いつくのが見守りである。しかし，見守りだけでは傷害を予防できない。〔図2－4〕は，産業技術総合研究所で行った子ども（11～50カ月）の転倒時間の分析の結果である[9)]。この図から，子どもが平地で転倒するとき，倒れ始めてから，身体の一部が接地するまでの時間は0.5秒程度が最も多いことが分かる。人が反応できる時間は，0.2秒の時間がかかるので，子どもを転倒から守るためには，倒れつつある子どものところへ0.3秒以内に移動しなけ

9）Y. Nishida, H. Myouse, T. Takano, Y. Koizumi, K. Kitamura, Y. Miyazaki, T. Yamanaka (2014), Analysis of penetrating injuries caused by toothbrushes using drop tests and finite element analysis.

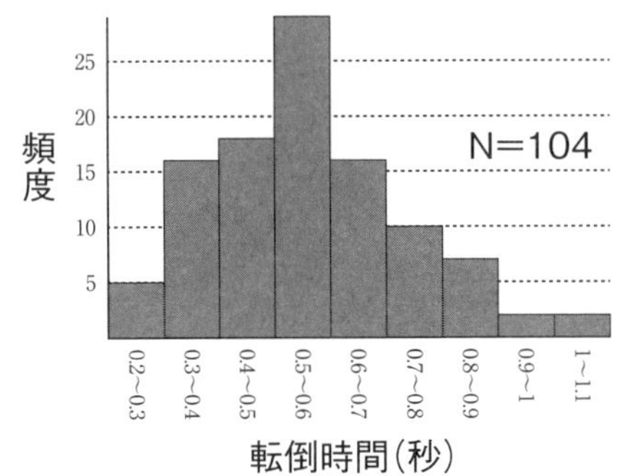

図2-4　転倒時間の分析結果（生後11～50カ月　合計104回の転倒）

ればならないことになる。これは，たとえ目の前で見守っていても，子どもの傷害予防がとても難しいことを意味する。見守りだけで事故予防するのは，「無理」である。

たとえば，子どもが歯磨きをしている際に転んでしまうと重症な刺傷事故が生じることがあるが，これも0.5秒程度の現象であることがわかる。2015年９月に東京消防庁から発表された最新のデータでも，実際に都内だけで歯ブラシの刺傷事故による救急搬送が40件も発生している。また，産業技術総合研究所で行った物理的な再現実験でも１歳児が転ぶことで歯ブラシによって局部的に大きな力が加わり刺傷する危険性がたかいことが確認されている[9)]。

これと同様の現象は至るところで見られる。たとえば，遊具の場合も，1.8mから転落するのに0.6秒しかかからず，ほぼ平面での転倒と同じである。近くで見守っていても，転落を止めることは至難の業である。この他，遊具の場合には，柵や網などで見られる首つりになりやすい魔の隙間（エントラップメント），箱ブランコに代表されるように子どもには制御不能な過大なリスクの問題などが知られているが，いずれも子ど

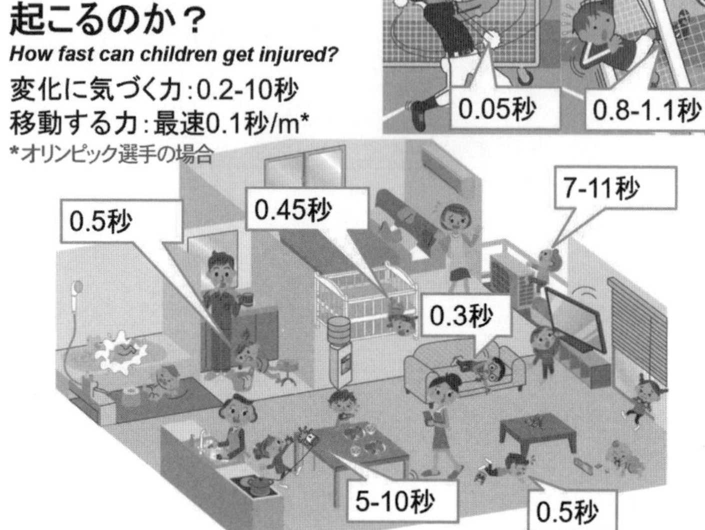

図２－５　身の回りの事故が起こる時間
（出所）　産業技術総合研究所

もが回避不能，遂行不能なものである。〔図２－５〕に身の回りの事故にかかる時間を示した。

これまで説明したような，不可能なことをしっかり認知することは，実は簡単なことではない。無理なこと不可能なことをきちんと認識して避けること，可能なことを知って実施するためには科学的な視点が必要となる。無理な傷害予防のデメリットは，以下のような点である。

- 効果がないこと。もしくは，効果を出すためには，多大過ぎる労力が必要であり，持続不可能なこと。
- 事故の結果，傷害が生じた場合に，それが必然にもかかわらず，近くにいる保護者，管理者の責任になること。

- 避けられない現象と避けられる現象を分離できないこと。たとえば，歩行するからには，転倒は避けられない現象です。
- 優先順位を付けられず，できることはすべてやるなどの無理な約束をすること。

（4） 科学的に考える――「変えられるもの」を見つけて「変えること」

傷害の問題について考える場合，〔図2-6〕に示すように1）事故が起こる前，2）事故による傷害が起こったとき，3）傷害が起こった後の3つのphase（相）に分けて考える必要がある。起こる前は「予防」（injury prevention），起こったときは「救命・救急処置」，起こった後は「治療，リハビリテーション」である。本当は，4つ目として，取り組みが不十分であるグリーフ・ケアがあり，これらを合わせたものが傷害対策（injury control）であり，最も大切で経済的にもすぐれたアプローチは「予防」である。

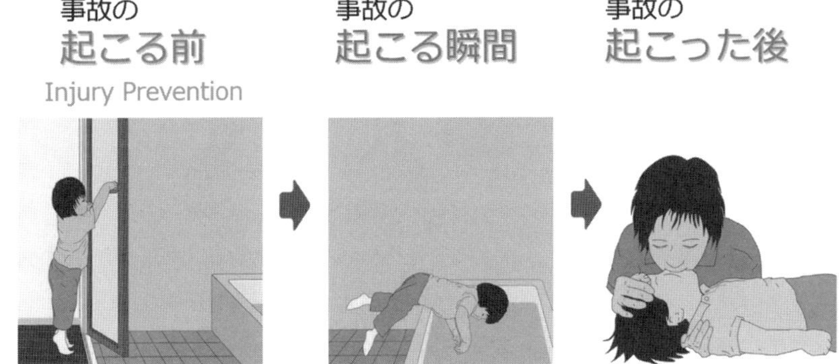

図2-6　事故が起こる前，起こった時，起こった後の3つのフェーズ

① 傷害を制御する考え方

傷害予防を行うには，重篤な傷害の発生を「制御」するための理論が必要となる。その概念図を〔図２－７〕に示す[10)]。傷害発生の現象を記述するのに必要な変数を分類すると，以下の３つに分類可能である。

（A） 制御したい変数（変えたいもの）：たとえば，重症事故の数，事故死の数といった変数である。ただし，直接，制御できないことが多い。

（B） 操作不能であるが重要な説明変数（変えられないもの）：たとえば，傷害発生の現象を説明する上で，児童の年齢・発達段階，天候や季節，時間といった変数が重要となるが，我々人間にとって操作不能なパラメータである。

（C） 操作可能な変数（実際に変えられるもの）：たとえば，製品改善アプローチの場合，製品の設計パラメータ，製品の配置などのパラメータは我々が直接変えられる操作可能なパラメータの例である。教育アプローチの場合，心理学的なアプローチなどに基づく安全教育によって，児童・先生・コーチなどの危険のとらえ方や知識を変

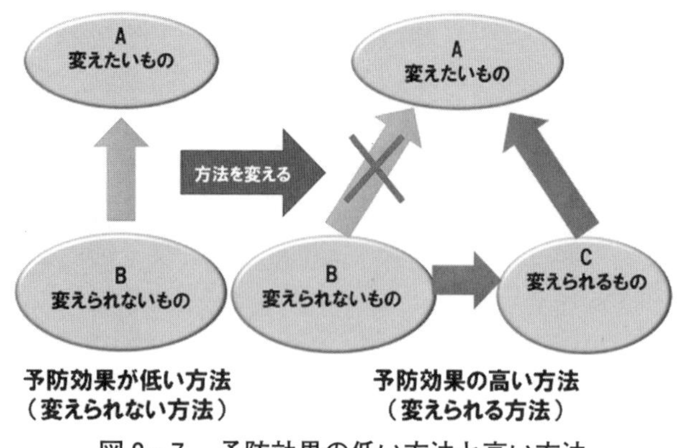

図２－７　予防効果の低い方法と高い方法

10） 西田佳史，山中龍宏＝編著（2019），保育・教育施設における事故予防の実践 事故データベースを活かした環境改善。

化させることが可能であり，そのためのコンテンツの内容やメディアの選択などが操作可能なパラメータの例となる。法規制アプローチの場合は，安全基準を作っている団体は複数あり，どのような団体や工業会と連携して安全基準を作成するか，どのような内容の安全基準を作るかなどが操作可能なパラメータの例である。

この変えられる化という考え方からみると，従来の事故に関する分析の問題が明らかになる。一つは，ＡとＢの関係ばかりを論じているものが多い点である。たとえば，「下肢部に傷害が多い」，「他のスポーツに比べ野球は障害に至った事例が多い」，「男児に事故が多い」などである。いずれも，年齢，性別，時刻，スポーツの種別などＢタイプの操作不能変数とＡの関係を論じているものであり予防には役立たない。

また，実際にはＢであるもの（変えられないもの）をまるでＣであるかのように議論する場合も多い。たとえば，「ちょっと目を離したすきに溺れが起きた」という場合，目を離すことが完全に制御可能である，もしくは，目を離さなければ事故を予防できるかのような印象を与えるが，24時間目を離さないでいることは困難であり，実際には，ＡとＢの間の議論となっている。

これは，あたり前の考え方のように思われるかもしれない。ところが，実際には「変えられないもの」と「変えたいもの」の関係だけを議論していたり，かなりの頻度で，「変えられないもの」を変えようとしていたり，とこれらの３つが整理されていない方法をよく見かける。

（５）　何を「変える」？＝３Ｅアプローチ 事故予防のために変えるもの

WHO（世界保健機関）は，注意喚起だけでは有効ではなく，事故を予防するためには，環境改善（Environment），教育（Education），法的規制（Enforcement）の３つが必要と述べている。これらの英語の頭

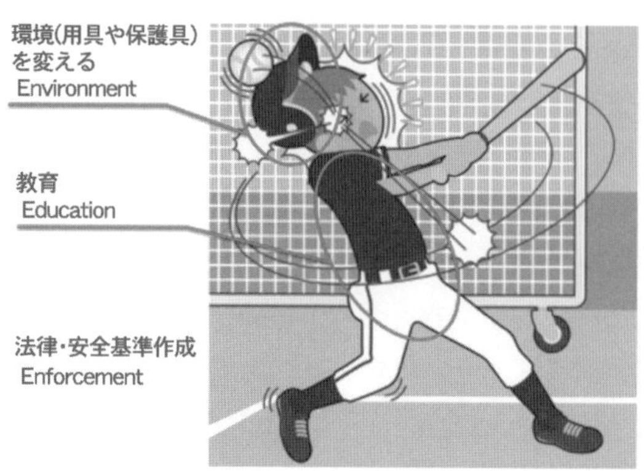

図２－８　傷害を予防する３つのＥのアプローチ
（出所）　産業技術総合研究所

文字をとって「３つのＥ」と呼ばれている（図２－８参照）[4]。

先ほども見守りの限界を述べたが，身の回りの環境が危ないまま，注意だけで予防することは不可能なことが多い。環境（Environment）で改善できるものがあれば積極的に改善する，その具体的な方法に関して教育（Education）を通じて学ぶ，実効性が証明されている環境改善の方法や教育については法的な力（Enforcement）を使って義務化・常識化していく，という具合に，３つのＥは，バラバラのものではなく，環境改善を基軸として相互に関係しあっている。このように環境改善を軸とした対策は，Passive Approach とも呼ばれ，人の努力のみに頼らない予防効果が高いアプローチとされている。

見守りの限界を知り，環境改善を行うことで「目が離せる環境」を作り，子どものさまざまな探索行動・チャレンジをいちいち注意することなく見守るという，本来の見守りを行わないと予防はできないということである。

3. 傷害予防の具体例

スポーツによる外傷におけるパッシブ戦略の中から成功事例の一つを紹介したい[8)]。アメリカでは，現在，2千万人規模の野球人口がいる。スライディングによる傷害が野球中の傷害の主要なものであり，重傷なものでは足関節の骨折，膝関節の前十字靭帯断裂や膝関節の内側側副靭帯損傷など膝の傷害，肩関節の脱臼などが起こっている。

このスライディング傷害で「予防」とは何であろうか？　スライディングを禁止する，ベースを地面に埋め込む，スライディングのスキル向上のための教育をする，などが考えられるが，スライディング禁止などという大きな変更は受け入れられない，ベースを地面に埋め込むと審判がセーフかアウトかの判定がしにくい，スライディングスキル向上の教育をしている時間が確保できない，など数々の困難を伴う。実は，最も費用対効果が高いのは，野球のベースを変えることであることがわかっている。通常のベースは，地面に固定されているが，〔図2-9〕に示した改良されたベースは，地面に固定されている部分と，そこに脱着式で固定する部分の2つからなっており，横から力が加わると写真のように分離する構造になっている。

この分離型ベースと固定型ベースの比較がソフトボールで検証された。1,250回のゲームのうち，半数に分離型ベースを使用し，半数に固定型ベースを使用した。固定型ベースでは，45回のスライディング傷害が発生し，分離型ベースでは2回であった。96％減少したと言える。その後，全運動場をこの分離型ベースに変更した結果，その後の1,000回のゲームで2回のスライディング傷害しか発生しなくなった。また，数が減少しただけではなく，傷害が発生しても重傷度が低くなった。アメリカの疾病対策予防センター（Centers for Disease Control and Prevention）

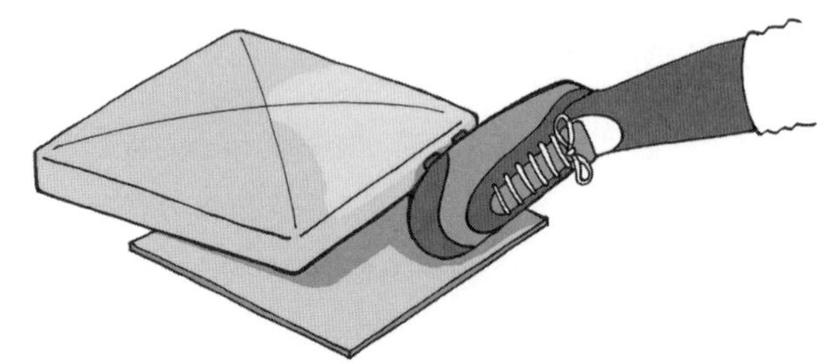

図２－９　予防を可能とする分離型ベース（Breakaway base）

では，分離型ベースで毎年170万件のスライディング傷害が予防可能であり，これにより2,000億円の医療費削減が可能と試算している。このように，「変えたいもの」，「変えられるもの」，「変えられないもの」を見極め，予防を行うことが重要である。

＜環境改善アプローチにおけるよくある誤解＞

環境改善アプローチに関して多い誤解がある。傷害予防のために環境改善をし過ぎると子どもの行動を制約することにつながり，子どもの危険回避能力が育たないではないかという誤解である。実際は，むしろその逆で，対策をしていない無防備な環境で事故を防ぐには子どもの行動を制限するしかなく，そのようななかでは，危険回避能力ははぐくまれない。モラル・注意・緊張感といった人の努力だけに支えられた方法ではなく，環境のなかから，変えられるものを見つけ，それを変えていく，これを繰り返すことが，子どもたちの成長に欠かせない失敗やチャレンジを許容し，子どもたちを健康に元気にすると同時に，保護者や教員を守ることにもつながる。

学習課題

1．身の回りで起きた事故や見聞きしたことのある事故に関して，3E（環境改善，啓発，基準やルールの改善）の観点から予防法を考えよ。

引用・参考文献

・マット・リドレー（2010）／太田直子・鍛原多恵子・柴田裕之『繁栄 明日を切り拓くための人類10万年史』ハヤカワ・ノンフィクション文庫
・ヨハン・ガルトゥング，藤田明史編（2003）『ガルトゥング平和学入門』法律文化社
・日本学術会議（2008），提言「事故による子どもの傷害」の予防体制を構築するために
・消費者庁（2018）『平成30年度版 消費者白書』
・山中龍宏，北村光司，大野美喜子，本村陽一，西田佳史（2016）「傷害予防に取り組む――変えられるものを見つけ，変えられるものを変える――」日本小児科学会雑誌，Vol.120，No.3，pp.565-579.
・日本スポーツ振興センター（2019）『学校管理下の災害 令和元年版』
・David Hemenway（2010），While We Were Sleeping――Success Stories in Injury and Violence Prevention, University of California Press.
・Peden M, et al.（eds.）(2008) World report on child injury prevention. WHO.
・西田佳史，山中龍宏＝編著（2019）『保育・教育施設における事故予防の実践 事故データベースを活かした環境改善』中央法規出版

・山中龍宏（2016）「事故死の現状と CDR（Child Death Review）」日本 SIDS・乳幼児突然死予防学会誌 16：31-37.

・Y. Nishida, H. Myouse, T. Takano, Y. Koizumi, K. Kitamura, Y. Miyazaki, T. Yamanaka (2014), Analysis of penetrating injuries caused by toothbrushes using drop tests and finite element analysis, Proc. of the 3rd International Digital Human Modeling Symposium.

3　データを活用した学校における傷害予防の実践

西田佳史

《目標＆ポイント》 学校環境の中に潜むリスクを見える化する工学的な分析方法や，それに基づく予防法の実践例を紹介する。
《キーワード》 事故統計，ビッグデータ，データサイエンス

1．ビッグデータがなぜ必要か？

事故の管理範囲は，管理者が責任を持つ個別施設に限定される。そのため，統計的には，ほぼ100％起こる事象であっても，個別の施設に分断された管理上，ほとんど起こっていないように見えるという問題がある。この問題に関しては，実際のデータを用いて，もう少し詳しく述べてみたい。よく，「うちの園では，40年間，一件も事故を起こしたことはない。」というようなことを聞くことがあるが，この意味を検討してみたい。ある一定期間で発生する事故の数，地震の数，受け取る電子メールの数などは，ポアソン分布と呼ばれる確率を使うと検討可能であることが知られている。そこで，このポアソン分布を使って，全国の保育所で起こっている，何らかの後遺症が残るような重大事故について分析してみたい。

最近のデータによれば，全国328万人の園児（日本スポーツ振興センターの災害給付金に加入している数）のうち，何らかの障害になる重大事故は，３年で51件程度発生している。平均すると１年で17件である[1)]。

1） 日本スポーツ振興センター（2019），学校管理下の災害令和元年版。

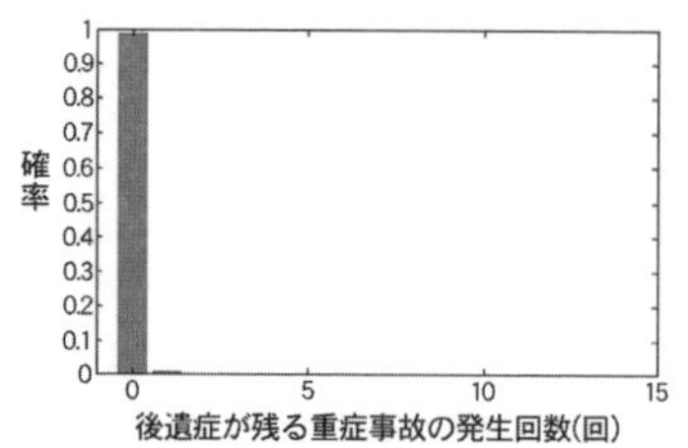

図3－1　50人規模の保育所において40年間で発生する後遺症を生じさせる事故の回数の確率分布（縦軸は，100倍すると％になる値）

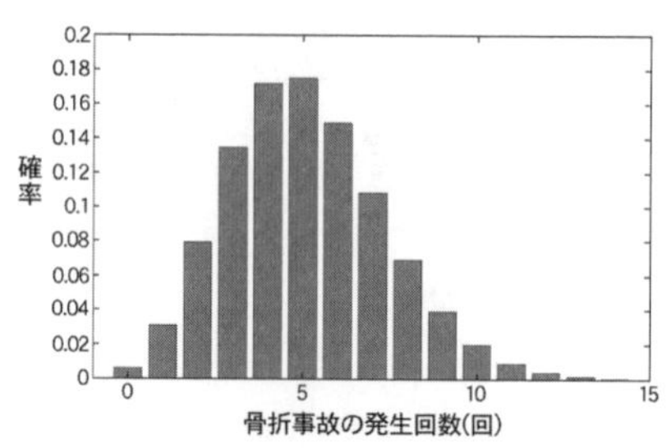

図3－2　50人規模の保育所において40年間で発生する骨折の回数の確率分布

園には50人の園児がいるとし，また，安全対策のレベルは，どの園も同じで，同じ確率で事故が生じると仮定し計算してみた。

ポアソン分布を使って，40年間でどの程度発生し得るか計算してみると，〔図3－1〕に示すようになる。

98.9％の保育園では0件となる。つまり，ほとんどの保育園では発生しない。これはどういうことかというと，頻度が低い現象の場合，それまで起こっていないから，今後も起こらないとは言えないことを意味している。たまたま起こっていないだけなのである。その園が安全という保障はない。

次に，もう少し頻発する骨折に至るような重症事故で考えてみよう。年間8千人程度が骨折している。一日平均27件ほどである。50人規模の園で，40年間にどの程度骨折事故が起こり得るかを計算すると，〔図3－2〕のようになる。

棒グラフの一番高いところを見てみると，5回で，その確率が17％程度であることが読み取れる。これは，一番よくあるパターンは，40年に5回の骨折であり，17％程度の園では生じることを示している。40年間

０回の園は，0.6％であり，かなり稀である。残り，99.4％の園では，１回以上の骨折を経験することになる。

以上を踏まえ，「うちの園では，40年間，一件も事故を起こしたことはない。」を考察してみると，事故といっても打撲傷や擦過傷のようなものを起こしていないとは考えられないので，大きな事故のことを言っているのであろう。もし，事故が，後遺症を発生させるような大きな事故という意味であれば，40年間一度も起こってないことは何の保証にもならない。それはたまたま起こっていないだけである。もし，事故が骨折という意味であれば，40年間一度も起こってないことは，統計的にとても珍しいことであり，その園の安全性が極めて高いことを意味する。

このように施設ごとにデータが分断されている場合は，施設を超えたデータの取り扱いが不可欠であり，また，事故の状況の種別まで踏み込んで，精緻に計算する仕組みがなければ，必要な対策や対策の効果がほとんど議論できない。日本には，世界有数の学校事故のデータベースがあり，これを活用することで科学的な分析や対策すべき課題の抽出が可能となる。

（1）　世界有数の学校事故のデータベース

災害共済給付制度は，学校管理下における児童生徒の災害（負傷，疾病，障害または死亡）に対して災害共済給付（医療費，障害見舞金または死亡見舞金の支給）を行うもので，その運営に要する経費は，国，学校の設置者，及び保護者の三者で負担する互助共済制度である。この制度は，昭和35（1960）年に設立された日本学校安全会が発端で，その後，共済掛金額や死亡・障害見舞金額の改定，団体名の変更を行いながら継続して業務が行われ，日本スポーツ振興センターの学校安全部が担当している。

この制度の特徴の一つとしては,「低い掛金で厚い給付」がある。また,平成28(2016)年4月からは近年の社会的変化により「いじめや体罰など本人の責めに帰することのできない高校生等の故意の死亡等」も給付の支給対象となった。

契約の対象となる学校等は,保育所等,幼保連携型認定こども園,幼稚園,高等専門学校,高等学校(全日制,定時制および通信制),義務教育諸学校(小学校,中学校,義務教育学校,中等教育学校の前期課程,特別支援学校の小学部および中学部),高等専修学校であり,この学校種ごとに年間定額の共済掛金額が定められている。共済掛金(令和元年度)は,幼稚園(270円),義務教育諸学校(920円),高等学校全日制(2,150円)などとなっており,義務教育諸学校は4割から6割,その他の学校では6割から9割を保護者が負担し,残りを学校の設置者が負担している。全国の学校の児童生徒等総数の約95%にあたる1,647万人(令和元年度)が加入している。

共済給付の対象となる災害の種類は学校管理下で生じた負傷,疾病,障害,死亡の4つで,負傷と疾病に関しては,療養に要する費用の総額が5,000円以上のものを対象にしている。同一の災害の負傷または疾病について医療費の支給は,初診から最長10年間行われ,負傷・疾病が治癒した時点で終了となる。障害に関しては,負傷および疾病が治った後に残った後遺症の状態により,第1級から第14級までの障害等級で区分されている。その他の給付として,学校管理下における死亡で損害賠償を受領したことで死亡見舞金が支給されないのに対する供花料やへき地にある学校管理下で発生した災害に対するへき地通院費などがある。

災害発生から災害共済給付の請求および給付までの流れを〔図3-3〕に示した。災害共済給付を受ける権利は,その給付事由が生じた日から2年間行わないときは,時効によって消滅する。

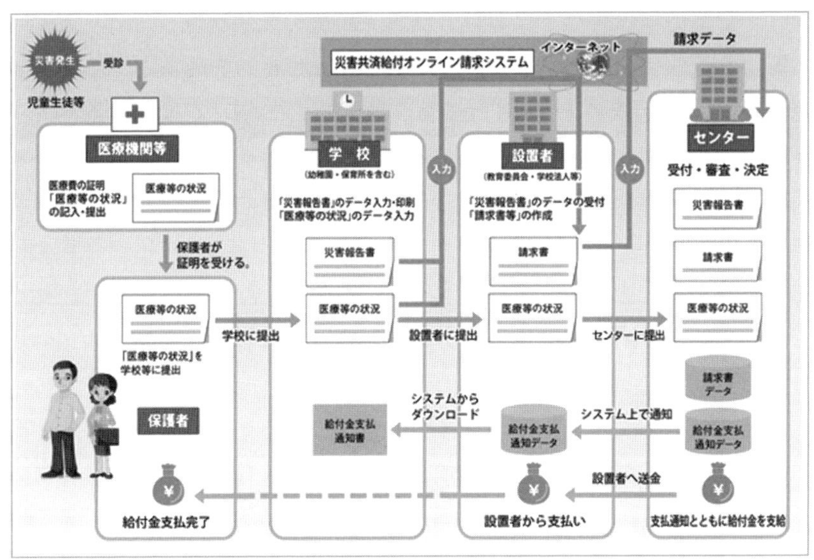

図3－3　申請から給付金を受け取るまでのチャートフロー

（出所）　日本スポーツ振興センター

災害共済給付制度が適応される学校管理下とは，正課授業・保育中，始業前・昼休み・放課後などの休憩時間，学校の教育計画に基づく部活動や生徒指導などの課外指導，登校・登園や下校・降園などの通学中，学校外で授業等が行われる場合の往復中，学校の寄宿舎等をいう。つまり，自宅から学校までの往復ならびに教育計画に基づく学校外への移動，そして教員の監視下における活動で発生した災害事故が範囲に定められている。

その他の詳細な資料等に関しては，日本スポーツ振興センターが発行している「災害共済給付関係法令集」にすべて取りまとめられており，ホームページ「学校安全 Web」で見ることができる。

(2) 日本の学校管理下における負傷・疾病の発生状況

災害共済給付の加入者数と加入率（令和元年度）をみると，小学校，中学校，高等学校等ではほぼ100％が加入しており，幼稚園は約80％，保育所は約81％となっていた。同年の発生件数と発生率をみると，幼稚園と保育所は約２％，小学校は約５％，中学校は約９％，高等学校全日制は約８％となっていた。同年の障害見舞金は，363件，死亡見舞金は56件となっていた。災害共済給付金の支出は約177億円であった。死亡原因は，心血管系の突然死が約半数を占め，それ以外は窒息，頭部外傷などであった。

これらのデータは，年度ごとに報告されているが，毎年，ほとんど同じデータとなっている。最近10年間の加入者数，負傷・疾病発生件数，医療費給付件数には大きな変化はみられない。障害見舞金や死亡見舞金の給付件数はやや減少傾向にある。これらのマクロのデータでは概要がわかるが，現場ですぐに予防対策につながるような情報とはなっていない。

学校での事故防止対策集〔図３－４〕には，学校災害防止調査研究委員会による調査報告書，スポーツ事故防止対応ハンドブック（収録内容：心停止，頭頸部外傷，熱中症，食物依存性運動誘発アナフィラキシー，歯・口の外傷，眼の外傷），映像資料 DVD（突然死の予防，頭頸部の外傷発生時の対応，プールの飛び込み事故防止，歯と口のけがの防止と応急処置，眼の事故防止と発生時の対応，熱中症予防）があり，その他，教材カード，学校安全フリーイラスト集，地域だより，学校安全ナビなどが収載されている。

図３－４　日本スポーツ振興センターの学校安全Webにある学校安全支援コンテンツ画面

2. データを活用した傷害予防の事例

(1) 野球による視力・眼球運動障害の予防

日本スポーツ振興センターの調査研究によると，2004年度から2013年までの10年間で体育授業・運動部活動・体育的行事などの体育活動中に発生した障害事例（障害等級第１級から第14級）が1998件報告されている。その内訳で最も多いのは「野球」の582件で，うち「視力・眼球運動障害」が259件，「歯牙障害」が204件であり，最も多かった打撃時94件〔図３-５（左)〕において，負傷の原因は，〔図３-５（右)〕に示すように自打球が76件であり，自打球による負傷の発生が80.9％を占めていた。

次に，秩父市セーフコミュニティの協力を得て，ボランティアで研究参加に同意した中学校野球部部員12名を対象に，普段行っている打撃練習の様子を２台のビデオカメラを用いて撮影し分析した〔図３-６〕。ファウルチップ後のボールの平均速度を用いて，直接的に打者の眼に自打球が当たる時間を算出した結果，0.05±0.02秒であった。現状では眼の障害を防ぐためには，バットをスイングした状態で0.05秒以内にボー

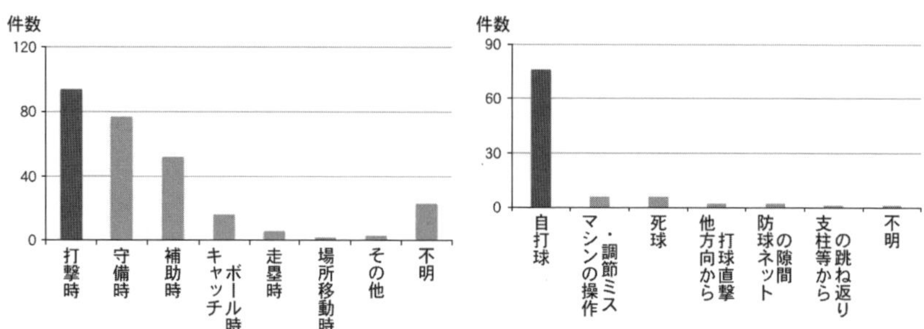

図３-５ 日本スポーツ振興センターのデータの分析（左）およびビデオを用いた分析（右）

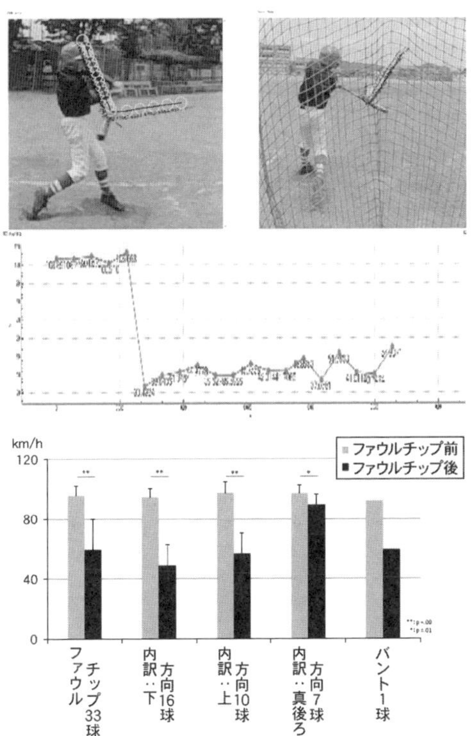

図3－6　ビデオを用いた分析結果（左：軌跡の分析，右：ファウルチップ前後の速度変化）

（出所）　産業技術総合研究所

ルを避けるしかなく，人の視覚刺激の反応速度が0.18～0.20秒程度であることから判断すると，回避行動でファウルチップによる傷害を予防することは不可能であることが分かった[2)]。

ファウルチップによる眼の傷害を予防する方法の一つは，プロテクターの使用である。しかしながら，使いづらい，ボールが見えにくいなど，ユーザビリティ上の問題や，プレーを行ううえで新たな支障が生じ

2）　楠本欣司ら（2016），“スポーツ傷害サーベイランスとビデオサーベイランスを用いた野球顔面部傷害の分析”。

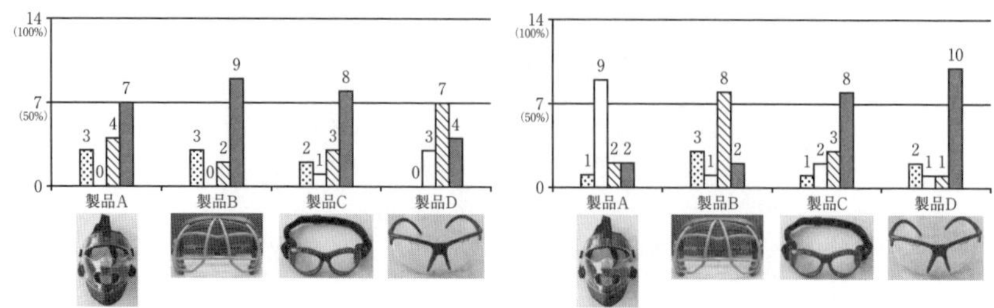

図3-7　プロテクター使用における安心感（左），ボールの視認性の調査（右）

図3-8　予防を可能とするアイガード（筆者作成）

る可能性もある。机上での議論だけでは限界があるので，実際に，中学校の野球の部活で使ってもらう実験を行った〔図3-7参照〕。安心感を向上させ，視認性にも優れており，予防可能性を持った製品もあった。〔図3-8〕に示す眼の外傷を防ぐアイガードは，現在，製品安全協会のSG基準でも取り上げられ，学校現場での活用推進が始まっている。

（2）　サッカーゴールの転倒予防

2017年1月13日に福岡県の小学校でハンドボール用のゴールが転倒し，小学4年生の児童が死亡する事故が起きた。実は，その13年前の全く同じ日（2004年1月13日）に，静岡県で，突風でサッカーゴールが転倒し，中学3年生が死亡する事故が起こっている。2017年に筆者らが企画したセミナーでもサッカーゴールの危険に関する周知を行ったが，2018年1月23日も強風でハンドボールゴールが転倒する事故が起こっている。ゴールは杭や重りで固定することが決められているが，これが徹底されずに事故が繰り返されている。産業技術総合研究所では，ぶら下がりによるゴール転倒の危険性や重大事故発生の危険性を詳しく調べる実験を行った。

日本スポーツ振興センターが2018年にまとめた報告書（2018）「ゴール等の転倒による事故防止対策について」によると，学校管理下におけるサッカーゴールの傷害発生件数は，平成25年から平成27年度まで毎年1,200件を超えている。平成25年から平成27年度までの3年間で要因別では，「運搬中落とす，はさむ」が一番多く989件（26.1％）である。また，死亡等重大事故につながるゴール等の転倒は，「風で倒れた」「風以外で倒れた」「ぶら下がって倒れた」を合わせると223件（5.9％）となっている。このようにゴールに関連する傷害は，死亡事故に至らない軽症事故まで含めると学校環境下で，膨大な数発生している。

産業技術総合研究所では，ゴールの転倒要因となる「跳びつき，ぶら下がって，揺らす行為」によってゴールがどのような力を受けるのかを計測する実験を行った。〔図3-9〕（左）に示すようなぶら下がりができる鉄棒のような装置とそこに取り付けられている2軸の力センサを用いて，中学生10名を対象に，「跳びつき，ぶら下がって，揺らす行為」の際に発生する力を計測した。その結果，一人で発揮できる力の成分の

図3－9　ぶらさがりによって発生する力の計測実験（左）とゴールの転倒実験（右）

（出所）産業技術総合研究所

中で，ゴールを転倒させる力（地面と平行の向きの力）として，最大405［N（ニュートン）］の力が発生していた。1Nは，約1kgに相当する。複数人（n人）になった場合は，これのn倍の値が発生する可能性がある。

次に，〔図3－9〕（右）に示すように，地面に設置した力センサと引っ張り力を計測できる力センサを用いて，サッカーゴールを転倒させるのに必要な水平方向の力と，転倒時に地面に挟まれた場合に人体が受ける衝撃力を計測した。その結果，重りなどの固定が無い場合，サッカーゴール（アルミ製）を転倒させるのに必要な水平力は最小242［N］であり，上述した405［N］より小さいため，一人の中学生がぶら下がり揺らすだけで容易に転倒してしまうことが明らかになった。また，転倒時の挟まれによる衝撃力は，アルミ製：最大18,980［N］，鉄製：29,283［N］であり，どちらも頭がい骨骨折を発生する値（3,000～5,000N）を大きく上回る値であることが分かった[3)]。

実験結果から，ゴール転倒による死傷事故の予防のためには，以下の点に留意する必要がわかってきた。このように，データを起点とした予

3）北村光司，西田佳史，望月浩一郎，山中龍宏（2017），“スポーツ外傷予防のためのエコシステムの研究：サッカーゴールの事故予防のケーススタディ”。

防策の開発が可能であり，今後，同様の取り組みをさまざまな傷害への予防へと広げていくことが大切である。

① ゴールにぶら下がらない，跳びつかない，懸垂しない指導。一人がぶら下がるだけでも，ゴールを転倒させる危険がある。転倒実験の動画も教育効果があると考えられる，動画の提供も行われている。
② ゴールを杭または重りで固定する。強風でも容易に倒れるため，注意だけでは不十分である。アルミ製であっても，鉄製であっても，固定が不可欠である。100kg 以上の重り，もしくは，杭で固定すべきである。最近では，固定しやすい杭も販売されている。
③ 運搬の必要がある際には，複数人で行う。運搬の際に，ぶら下がって倒す方法は挟まれ事故が発生する危険があるので行わない。なお，労働基準法では，満16歳未満の男子が運搬して良い重量は，15kg 未満とされている。
④ 軽量なゴールを使用する。強固で重すぎるゴールから多くの問題が発生している。軽量で簡易な練習用ゴールの使用も検討すべき。

3. データサイエンスを活用した傷害予防の試み

日本スポーツ振興センターの災害共済給付の医療費のデータと事故状況のデータを用いて，重症事故が起こる状況を自動分析してくれる技術が開発されている。これは，医療費が高いほど重症度が高いと仮定し，重傷事故が起こる状況に特有な「言い回し」を自由記述文から見つける処理を行うもので，重症度クリフ分析と呼んでいる技術である[4)]。〔図 3-10〕に示すように，ある類似した事故状況の医療費を高いのから低いものまで順番に並べると，多くの場合，急激に医療費が変化する崖

4） Koji Kitamura, et. al. (2015), “Potential Risk Assessment System by Integrating Injury Data at Multiple Schools”.

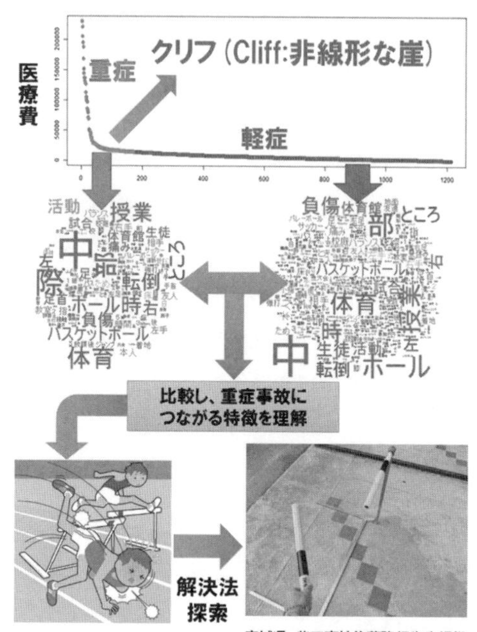

図 3 -10　人工知能を活用した傷害予防の可能性
（重症事故状況の自動抽出）
（出所）　産業技術総合研究所

（クリフ）が現れる。この崖に着目して，何が重症度を押し上げているのかを分析する手法である。この新しい手法を用いて学校環境での事故を分析したところ，走って転倒するという点で類似した事故の中でも，縄跳びや平地での走行と比較すると，ハードルが絡むことで重症度が高くなることがわかってきた。

そこで，ハードル事故の対策法を調べてみると，実はすでに考案されていることが分かった。〔図 3 -10〕右下に示してあるように，ハードルの横バーの部分が足と接触した際に，観音開きになるフレキシブルなハードルである。実際，宮城県柴田高校でも導入されていることがわかった。こうした効果的な予防法を実施することで大幅に重傷事故が減らせる可能性がある。

4. 人間と人工知能との協業の時代へ

人手での分析ではとても無理な事故ビッグデータを，機械（人工知能）を用いて分析することで，重症事故が生じる状況をきめ細かく把握することが可能になってきており，これに基づいて，新たな予防策を開発したり，すでにある予防策と対応させたりすることが可能になってきている。重症事故の存在やその規模感がわからないと予防策も孤立したものとなり，導入が遅々として進まないということが起こりがちである。データや分析技術を用いて，課題とソリューションをつなぐことで現場を変えられるようにする方向は今後ますます大切になろう。

学習課題

1. 日本スポーツ振興センターが公開しているデータベース「学校事故事例検索データベース」にアクセスし，死亡や障害に至った事例を検索し，典型的な状況を調べよ。（例：視力・眼球運動障害の多い状況など）。

引用・参考文献

・日本スポーツ振興センター（2019）『学校管理下の災害令和元年版』
・楠本欣司ら（2016）「スポーツ傷害サーベイランスとビデオサーベイランスを用いた野球顔面部傷害の分析」第17回 SICE システムインテグレーション講演会予稿集
・北村光司，西田佳史，望月浩一郎，山中龍宏（2017）「スポーツ外傷予防のためのエコシステムの研究：サッカーゴールの事故予防のケーススタディ」第18回 SICE システムインテグレーション講演会2017，pp.1556-1561.
・日本スポーツ振興センター（2018）『ゴール等の転倒による事故防止対策について』
https://www.jpnsport.go.jp/anzen/Portals/0/anzen/anzen_school/H29goalpost/H29goalpost.pdf
・Koji Kitamura, et. al. (2015), "Potential Risk Assessment System by Integrating Injury Data at Multiple Schools", Proceedings of the 6th International Conference on Applied Human Factors and Ergonomics (AHFE 2015), pp.1991-1998.

4　持続的に傷害予防を行う方法

西田佳史

《目標 & ポイント》 学校現場で，データを活用した課題の抽出，対策の実施，対策の評価など，効果のある予防へとフィードバックする考え方，学校のカリキュラムを活用した実装方法，児童参加型の予防の取り組みを紹介する。
《キーワード》 データベース，児童参加型傷害予防，科学的アプローチ

1．データベースを活用した傷害予防の実践

4章では，データを活用した安全の進め方を実際に学校でどのように進めていくのかについて述べる。繰り返し発生している事故について知る方法に，日本スポーツ振興センターの学校事故事例データベースを活用する方法がある。ケガなどの情報を分析し，死亡や重篤な障害を残すような重大事故の予防へとつなげることがとても重要で，すぐにできる対策の一つである。

事故による傷害を予防するためには，〔図4-1〕に示すように，1）自分の学校の実態を理解し，その実態に合わせた予防プログラムの立案，2）予防プログラムの実施，3）その効果評価を行う必要がある。各学校の環境は，それぞれ異なっているため，各学校データに基づく改善を実施する必要がある。跳び箱・鉄棒の授業，ムカデ競走のような競技の有無，部活動の種類などによって，対策が異なる。中には卒業生が寄贈した特殊な遊具などが設置されている学校もある。

「実態理解に基づく予防プログラムの立案」「予防プログラムの効果

評価」では，自分の学校の事故に関しては，「災害共済給付オンライン請求システム」から過去の事例を閲覧することが可能であり，他校の死亡・障害事例に関しては，一般公開されている「学校事故事例検索データベース」から事例を閲覧することが可能となっている。

また，「予防プログラムの実施」では，スポーツ事故の予防，遊具による事故の予防や点検方法の啓発のために作成されたわかりやすい教材・動画がWEBから入手可能になっている〔図4－1〕[1]，〔図4－2〕[2]，図4－3〕[3]。たとえば，〔図4－2〕・〔図4－3〕参照などがその例である。これらの教材は，児童が理解しやすいようになっており，児童自ら

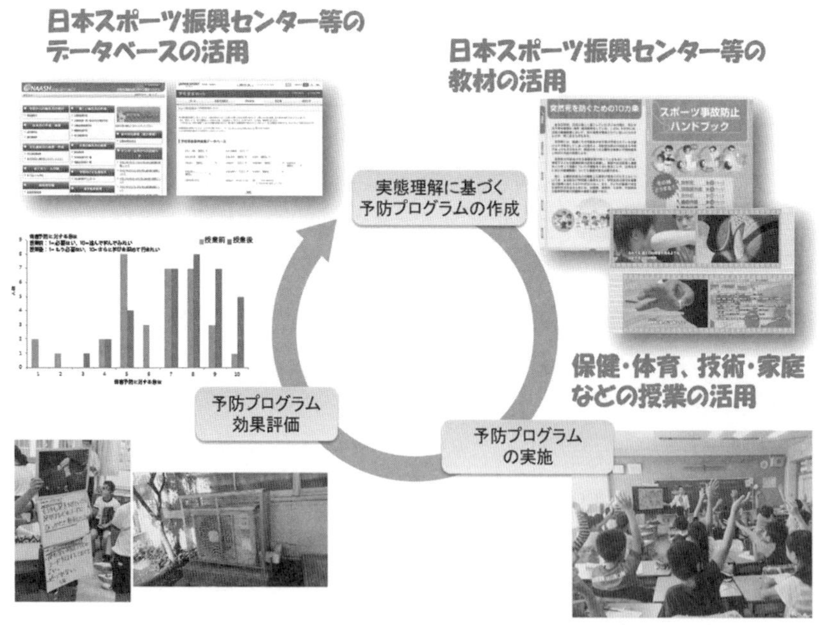

図4－1　日本スポーツ振興センターのデータベースを活用したデータに基づく傷害予防

1）西田佳史，山中龍宏＝編著（2019），保育・教育施設における事故予防の実践　事故データベースを活かした環境改善，中央法規出版。

2）日本スポーツ振興センター，スポーツ事故防止対策推進事業　各年度の取組・成果物一覧。

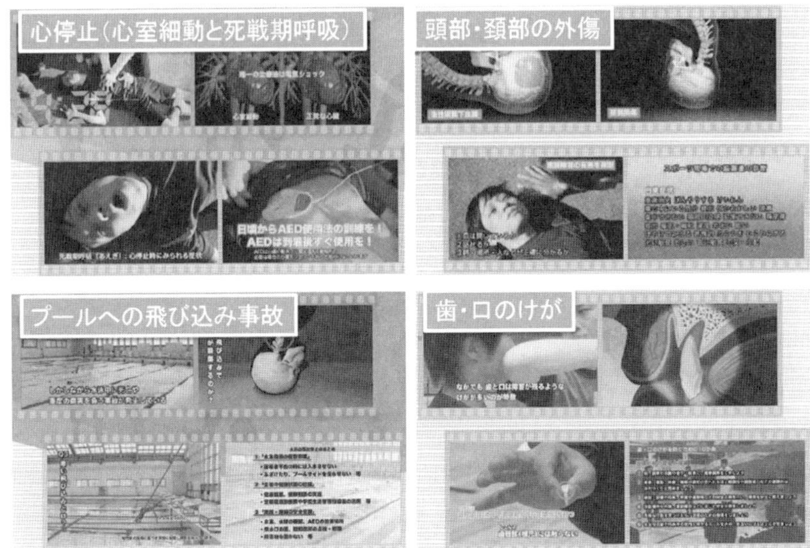

図 4－2　啓発に活用可能な教材の例（スポーツによる傷害の予防[2)]）

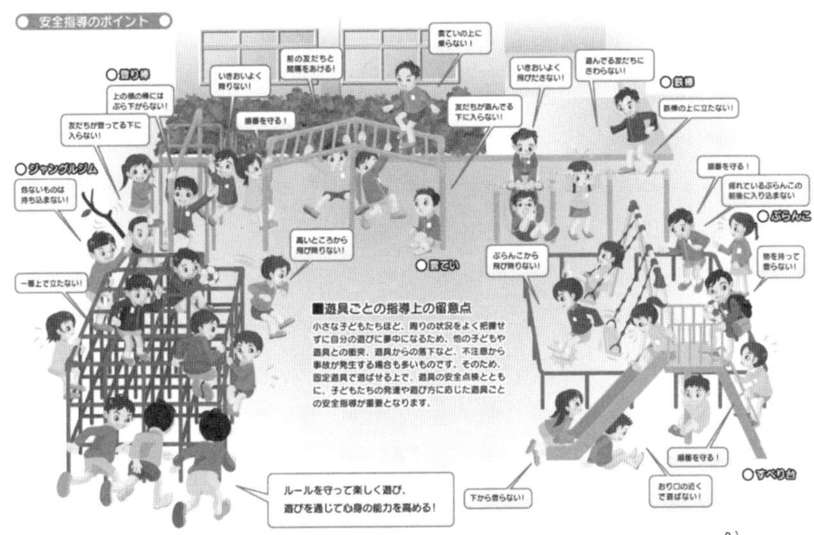

図 4－3　啓発に活用可能な教材の例（遊具による傷害の予防[3)]）

3）日本スポーツ振興センター，学校における固定遊具による事故防止対策　調査研究報告書（2012）。

危険の対処法を学ぶ際にも活用できる。学校で実施する場合は，安全を扱うことになっている保健・体育や技術・家庭の授業を活用するのも一案である。予防の方法や対策を検討する際には，公的機関の web サイトなどに公開されている情報も活用できる。

2. 児童が主体となって傷害予防を進める活動

学校現場における「変えられる化」の担い手は大人ばかりではない。児童の力を活用した試みについて述べたい。

ニュージーランドでは，学校と地域が連携して，ヘルメット着用の運動に関して，Creative Quest（子どもたちによる，子どもたちのための創造的な傷害予防）という取り組みが行われた〔図 4 - 4〕。これは，大人が子どもにヘルメットをかぶらせるのではなく，子どもたち自身に「なぜ，かぶらなければならないのか」を考えさせ，啓発活動の担い手

図 4 - 4　Creative Quest で作成された子どもたちによる映像コンテンツ（No Helmet, No Brain）

になってもらう活動である。子どもたちを巻き込み，1）ラジオ宣伝を作る，2）動画を作る，3）絵本を作る，という企画を考えてもらい，コンペをして優秀者には賞が贈られる。子どもたちによる，子どもたちのための活動の効果は絶大で，Creative Questの結果，89%の子どものヘルメット着用に関する意識が大きく向上したという結果が得られた[4),5)]。

わが国でも新たな試みが始まっている。最近では小学校でも情報端末（ICT）の活用が普及しており，どの学校でも実施可能な方法として「フォトボイス」と呼ばれる方法を傷害予防に応用した。フォトボイスとは，1990年代中頃から参加型のアクションリサーチとして世界中で取り組まれている手法である[6)]。

傷害予防の基本となる考え方，校内・校庭の危険を学習した後，小学校が保有するタブレットを活用して，学校内の安全と危険をテーマに写真に撮り，気がついた点（ボイス）などを書き込み，共有する活動が実施されている。これは，傷害予防の基本である3E（Enforcement：法制化，Environment：環境改善，Education：教育）の役割を学び，子ども自身が傷害予防のためにできることを見つける取組みである[7)]。〔図4－5〕に，生徒の作品の例を示す。

4）Ann Weaver, Alessandra Francoia（2016）：Injury Prevention Campaigns for Children.

5）http://www.safekids.nz/Video-Gallery/cycling

6）Wang, C., Burris, M.A（1997）：Photovoice: concept, methodology, use for participatory needs assessment.

7）大野美喜子，北村光司，西田佳史，山中龍宏（2016）：写真を活用した傷害予防のための科学教育プログラムの実践。

〈安全が守られている場所〉

	プロペラに触ってケガをするけど，それをやらないためにカバーがある。
	階段のはしに手すりがついている。段には落ちないように滑り止めがついている
	人に相談することで心が落ち着いて安心する
	ぶつかった時，痛くないように柔らかいセーフティマットがゴールポストについている

〈ケガが起こりそうな場所〉

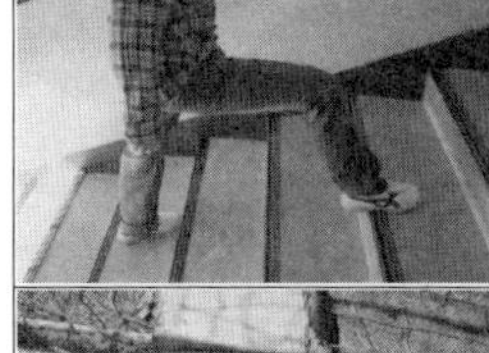	2段飛ばしをして転んで頭を強く打つ
	重石のひもに足を引っかけ転ぶ可能性がある
	男子トイレと女子トイレから出てきた人がぶつかったり，鬼ごっこをしていてトイレに隠れている人とトイレから出てくる人でぶつかったりする
	うんていの上に登り，上から落ちてしまい，骨折捻挫などのケガにつながる可能性があります

図4－5　安全な場所，ケガが起こりそうな場所に関するフォトボイスの作品の例[7)]

写真の発表会後，小学校では，写真を使って他の学年の生徒と学校の安全・危険を共有する取り組みへと展開され，安全活動を活発化させることにつながった。

3. 学校現場を動かすための方策

これまで取り組んできた筆者らの経験を通じて，現場が課題解決力を持つに至る方法として，次のような観点が大切であることがわかった。

１つ目の問題は，傷害予防活動を実施する場合にはデータが不可欠であるが，現場にデータ収集を依頼して活動をスタートさせようとしてもうまくいかないことが多い。その理由は，現場ではデータの収集がなぜ必要なのかが理解されていないためである。そこで，学校のニーズに合わせて教育コンテンツを提供し，まず現場と協力関係を築くことが傷害サーベイランスの導入への近道となることがわかった。実際，データ駆動型からコンテンツ駆動型のアプローチに変えたことで，東京都の小学校２校で傷害サーベイランス・ソフトウエアの導入に成功している。

２つ目の問題は，傷害予防活動を実践する機会を新たに一から作り出すことのむずかしさがある。それに対しては，すでに現場にあるカリキュラムに実践活動を埋め込むことができれば，現場が動きやすく活動しやすくなる（クルージ・アプローチ）。クルージとは，コンピューター用語で「そこにあるものを使って課題を解決する」という意味がある。たとえば，富士見台小学校で行った安全授業は，すでに行われている保健・体育の授業の一環として実施した。「学級」，「総合」，「家庭科」など，現場には傷害予防を１テーマとして扱える機会が埋もれている。その機会を見つけ，そこに上手く埋め込みながら活動を展開させると，学校での傷害予防活動を活発化させやすい。

近年，市民のデータ収集による科学（シティズン・サイエンス）の可能性が議論されているが，児童によるデータ収集とそれに基づく科学（児童オープンサイエンス）の観点や，課題を発見し，周りを巻き込み，課題解決に導けるイノベーション人材育成（児童イノベーション）という観点からも，傷害予防の取り組みは，恰好の題材であると思われる。

4．学校の安全のための社会的仕組みづくりに向けた課題

最後に，学校で生じる重篤な傷害を予防する社会的仕組みづくりに向けて必要な課題を整理してみたい〔図 4－6〕。

図 4－6　日本スポーツ振興センターのデータを核として学校安全を進めるエコシステム

①災害給付を活用した傷害予防の科学的アプローチのための継続的事業

災害給付を活用した課題の抽出，介入法の開発，実施と評価には，長期的な取り組みが不可欠である。そのための継続的事業の発足が不可欠である。単年度の予算で施行したい場合は，たとえば，新たな研究テーマの設定と，前年度までに行った介入法の評価を一セットにしてプロジェクト化するなどの工夫も考えられる。

②科学的アプローチのための仕組みづくり（オープンデータと多職種連携による知識循環エコシステム）

事故データやインシデントデータを，それを保有している機関や学校関係者だけで詳細に分析することは難しい場合が多い。多様な視点を導入する観点，さまざまな分析者（知性）を巻き込む観点からは，データを何らかの形でオープン化し，多様な人が分析できる仕組みを作成する必要がある。その際，完全にオープン化することが国際趨勢上も望ましいが，傷害予防コミュニティをつくり，そこに対してオープン化するなど，いくつかの段階があっても良いと思われる。また，最近では，人工知能技術も発展してきており，これら情報処理技術の活用も貪欲に進めるべきである。事故情報を分析する，介入法を開発するための取り組みを始める場合，専門家は，これまでの文化や経緯を理解しすぎているために逆に視野が狭くなる面がある点に留意すべきである。他の章でも解説したように，変えられる変数を拡大する目的での多様な参加者が必要である。

③傷害予防につなげやすくするための災害給付システムの改善

学校現場の担当者が，傷害予防につながる的確な情報を，手間なく入力できるようにソフトウェア（もしくは，手間なく記載できるように災害報告書）を改善することが必要である。具体的には，分析に手間のかかる事故状況分析の負担を軽減できるように，できるだけ項目化し，選択式にすることが必要である。たとえば，質問項目として，スポーツや場所ごとに，製品，道具，接地面や配置などの情報があれば，予防につながる「変えられるもの（操作可能変数）」に関する情報が分析しやすくなる。

④効果評価（インパクト評価）の実施

　データの分析に基づいて介入法の開発が行われても，これが評価されないことが多い。実際には全く普及していないことが多い。これを乗り超えるには，しっかりとインパクト評価を行い，介入しないこと，予防法を実施しないことがどれほどの傷害を生みだしているのか，医療費を生みだしているのかなどを明確化する必要がある。たとえば，海外の事例では，遊具の接地面をゴムや砂に変更した際の予防効果の評価やその比較（インパクト評価）に関する報告[8)]も出ており，科学的な施策実施がなされている。わが国でも，学校現場と連携し，モデル校（介入する学校）に対して介入の実施と効果評価（損益分析を含め）を行う活動が不可欠である。

⑤成果のアウトリーチ（分析結果や効果的な介入法の周知）

　日本スポーツ振興センターでは数多くの報告書がWEB上等で公開されているが，これが必ずしも学校現場やメディアに知られていないという課題がある。周知を促進するための教材化や魅力的なコンテンツの作成が不可欠である。日本スポーツ振興センターが委託事業として取り組んだ「平成26年度 スポーツ事故防止対策推進事業」[9)]では，学校現場で活用しやすい動画やハンドブックなどが作成された。これ

8）Andrew W.Howard etc（2009).
9）日本スポーツ振興センター（平成26年度）。

らの周知用のコンテンツ作成や普及活動まで含んだプロジェクトが今後，ますます重要であろう。

国内には，児童の安全，学校安全にかかわる活動を行っている非営利団体やその他の団体などが存在している。最近では，International Safe School 認証や Safety Promotion School（SPS）認証制度やその支援団体も存在している。支援者支援の観点からは，これらの団体との連携の強化も図られる必要がある。

5. 変えられる力を持った現場創造に向けて

本章では，学校現場が傷害予防に向けて「変えられる力」を持つための具体的方法として，科学や技術の活用，児童の力の活用，すでにあるものの活用を述べた。さまざまな課題に対して「変えられる化」を推し進めるには，人が賢くなるために不可欠なオープンなデータの存在と，それをベースとしてさまざまな人の知恵を巻き込む連携が不可欠である。事故のような課題の持つ多様性には，知性側も多様性で対応することでイノベーティブな「変えられる化」を見つけていくことが求められよう。学校現場では児童や教員の持つ知性も活用可能であり，最近では，一昔前では活用できなかった人工知能という知性も出現している。さらに，学校現場の問題を現場だけに押し付けるのではなく，研究として取り組む科学者も増えつつある。

学習課題

1．学校において，新たに安全に関する学習時間を確保することが難しい場合が多い。安全学習を児童に提供するために，現在行っているカリキュラム（総合学習，体育・保健，技術・家庭など）を活用した学習プログラムを考えよ。

引用・参考文献

・西田佳史，山中龍宏＝編著（2019）『保育・教育施設における事故予防の実践　事故データベースを活かした環境改善』中央法規出版

・日本スポーツ振興センター「スポーツ事故防止対策推進事業」『各年度の取組・成果物一覧』
https://www.jpnsport.go.jp/anzen/anzen_school/bousi_kenkyu/tabid/1808/Default.aspx（2019/8/1アクセス）

・日本スポーツ振興センター（2012），『学校における固定遊具による事故防止対策調査研究報告書』
http://www.jpnsport.go.jp/anzen/anzen_school/bousi_kenkyu/tabid/1483/Default.aspx（2019/8/1アクセス）

・Ann Weaver, Alessandra Francoia（2016）：Injury Prevention Campaigns for Children, By Children-The Safekids New Zealand Creative Quest Competition. Injury Prevention 22：A27.

・http://www.safekids.nz/Video-Gallery/cycling

・Wang, C., Burris, M.A（1997）：Photovoice: concept, methodology, use for participatory needs assessment. Health education & behaviors 24(3)：369-387.

・大野美喜子，北村光司，西田佳史，山中龍宏（2016）「写真を活用した傷害予防のための科学教育プログラムの実践」日本科学教育学会第40回年会　pp.373-374.

・Andrew W. Howard, Colin Macarthur, Linda Rothman, Andrew Willan, Alison K. Macpherson School Playground Surfacing and Arm Fractures in Children: A Cluster Randomized Trial Comparing Sand to Wood Chip Surfaces. PLoS Medicine 6（12）：e1000195，2009.
・日本スポーツ振興センター『平成26年度　スポーツ事故防止対策推進事業』
http://www.jpnsport.go.jp/anzen/tabid/1746/Default.aspx

5　スポーツ科学とコーチング

大伴茉奈

《目標＆ポイント》 学校管理下のスポーツによる死亡事故や障害の実態を明らかにし，事故予防に関してスポーツ科学の視点から説明していきます。コーチングのあり方や海外の先進事例も紹介します。
《キーワード》 スポーツ傷害，コーチング，アスレティックトレーナー

1. 学校管理下の安全を考える

(1) 学校安全の体系とスポーツ

文部科学省の提示する学校安全の意義では，「生きる力」をはぐくむ学校という場において，児童生徒等が生き生きと活動し，安心して学べるようにするためには，安全が確保されることが不可欠の前提となる，と述べられている。つまり，学校においては，すべての教職員がこの使命のもとに全活動を行う必要があり，安全を大前提に考えなければならないと示している。第２次学校安全の推進に関する計画では，２つの目標を掲げている。まず１つ目には，児童生徒等が生涯にわたって健康・安全で幸福な生活を送るための基礎を培うとともに，進んで安全で安心な社会づくりに参加し貢献できるような資質・能力を育てること，と述べている。つまり，教職員は児童生徒等が主体的に安全について考え，行動できるように育んでいく必要があるとし，安全教育のあり方を示している。２つ目には，学校管理下における児童生徒等の事故に関して，死亡事故の発生件数を限りなくゼロとすること，負傷・疾病の発生率は

障害や重度の負傷を伴う事故を中心に減少傾向にすることを目指すべき姿に掲げている。つまり，教職員は学校内で発生する事故を減少させるために取り組まなくてはならないとし，安全管理の必要性と重要性を示している。

学校安全は大きく3つの領域に整理されており，1つ目は，学校・家庭等の日常生活で起こる事件や事故を取り扱う「生活安全」，2つ目は，さまざまな交通場面における危険と安全や事故防止を含む「交通安全」，3つ目は，地震や津波災害などの自然災害に関わる「災害安全（防災と同義）」に分類されている。各教科においても，それぞれの領域に関する指導と，学習活動そのものを安全に行うための指導が必要であると言われている。つまり，学校管理下で実施されるスポーツ活動も学校安全の領域に含まれ，スポーツ活動時の安全教育と安全管理が求められる。しかし，スポーツ活動という特殊な環境においては，児童生徒等を取り巻く危険は「生活安全」や「交通安全」，「災害安全」とは大きく異なるため，スポーツ活動の特徴を把握し，それらに対処する必要がある。

(2)　学校管理下でのスポーツ事故を考える

わが国の学校管理下における児童生徒等の事故は，独立行政法人日本スポーツ振興センター（以下JSC；Japan Sports Council）による災害給付事例によって報告されている。JSCの発刊している報告書では，学校現場で発生した死亡事故や障害（負傷及び疾病が治った後に障害が残った場合）の発生件数を毎年報告しており，受傷場面に関する情報も掲載することで事故や障害が起こりやすい条件を公開している。JSCのデータベースはオンライン上で誰でも閲覧が可能であり，災害共済給付業務において給付した死亡・障害事例を検索することができる。現在公開されているデータベース情報は，平成17年から，平成30年までの14年分の報告内容である（2021年現在）。

では，まずはじめに，限りなくゼロとすることが求められている死亡事故の発生について，実際に学校管理下ではどれほどの生徒（以下中高生について説明するため，生徒のみの紹介）が遭遇してしまったのかを確認してみる。現在公開されているデータベース上には，1,017件（約72.6件／年）の死亡事故が発生したと示されている。そのうち，最も多いのは通学中の件数であり，458件（32.7件／年）と約半数を占めていた。先に述べた，3つの領域で考えると，「交通安全」の部分での発生が最も多いことがわかる。そして，次に多いのは，スポーツ活動中の件数である。学校管理下でのスポーツ活動は3つの時間帯に行われていることが考えられる。1つ目は「保健体育科の体育」での授業時間である。体育の授業では，さまざまなスポーツに触れる機会が設けられているため，この時間はスポーツ活動の時間帯と判断できる。その体育の授業時には，54件（3.9件／年）の死亡事故が発生している。2つ目は「休憩時間」が考えられる。皆さんも休み時間にドッジボールや縄跳びなどをやった記憶はないだろうか。JSCのデータベースで報告されている休憩時間における死亡事故の事例は121件（8.6件／年）であり，スポーツ活動に関連している内容も見受けられる。しかし，スポーツ活動以外の転落等に関する報告の方が多く含まれているため，休憩時間に報告されている事例数をそのままスポーツ活動で発生した件数と考えることはできない。3つ目は「課外活動（課外指導）」における部活動の時間である。部活動は，体育的部活動と文化的部活動に分類されており，体育的部活動では，各種スポーツ活動が実施されているため，この時間もスポーツ活動の時間帯と判断して問題はないだろう。その体育的部活動の時間では，230件（16.4件／年）もの死亡事故が発生している。体育の授業と体育的部活動をスポーツ活動とした場合，スポーツ活動中に発生したと考えられる死亡事故は284件であり，通学中の事故に次いで多く発生していた。

次に，減少傾向にすべき障害の発生について確認してみる。障害の発生件数は，14年間で4,022件（287.3件／年）であることが報告されている。死亡事故が最も多かった通学中の障害発生は328件（23.4件／年）であった。しかし，体育の授業では584件（41.7件／年），体育的部活動では2,080件（148.6件／年）も発生している。つまり，スポーツ活動中に発生した障害は2,664件（190.3件／年）と最も多く，全体の半数以上を占めていることがわかる。これらのことから，スポーツ活動中の死亡事故や障害の発生を防ぐ努力は，第2次学校安全の推進に関する計画で掲げている，学校安全の目指すべき姿に直結し，全教職員が実践すべき努力であると言える。

2. スポーツ科学とは

（1） スポーツ科学という学問

スポーツ科学は，スポーツを科学的に研究する学問である。また，スポーツ科学とは，「スポーツによって人々が健康に，生き生きと暮らすことのできる社会の形成」に役立つための学問である。スポーツ科学は英語では「sport sciences」と表記される。science が複数形で表記されるのは，医学や生理学，物理学のような自然科学や，社会学，哲学，歴史学などの社会科学にも及ぶ，多様な学問分野によって構成されているからである。つまり，スポーツ科学はさまざまな学問からなる総合科学であると考えられている。そのため，各々の分野で研究対象は異なる。たとえば，自然科学系の分野では，スポーツを行っているヒトを研究の対象とすることがほとんどである。それに対し，社会科学系の分野では，スポーツを取り巻く環境や，文化，社会現象を扱っている。そして，各々の学問分野において，学問的に検証された確かな知識によって構成されている。そのため，スポーツ科学という学問は，１つの視点，１つの研究手法で成り立っておらず，スポーツに関する質の異なる知識が蓄積されていると言える。

（2） スポーツ医科学的視点で学校事故予防を考える

スポーツ科学の中のスポーツ医科学の分野では，スポーツ外傷・障害（前述したJSCの障害とは別の意味を持つ）に関する予防研究が盛んに行われている。スポーツ外傷とは１回の衝撃により発生するケガを指し，スポーツ障害は，繰り返しストレスが加わったことによって発生するケガを指す。たとえば，スポーツ外傷では，足首の捻挫や肉離れ，骨折などの急性的なケガが挙げられ，スポーツ障害には，疲労骨折や，ジャンパー膝，テニス肘などの慢性的なケガが挙げられる。これらのケガをした場合，リハビリテーションやトレーニングのために，選手は一定期間競技から離脱しなければならなくなる。そのため，スポーツ医科学の分野では，スポーツ外傷・障害を予防することが最も重要であると考えられている。

これらのスポーツ外傷・障害予防研究では，ケガの原因となる因子や関連する因子を特定し，それらに対する介入策を講じる仕組みが求められている。最も有名なスポーツ外傷・障害予防の実践モデルは，van Mechelenらの提唱した４ステップのモデルである〔図５-１〕。まず，問題の特定のために，スポーツ外傷・障害の発生率や重症度を把握する（ステップ１）。次に，要因とメカニズムを特定し（ステップ２），予防策を開発あるいは構築し，それを導入（介入）して予防を具体的に試みる（ステップ３）。そして最後は，効果の検証，測定として，ステップ１と同じ方法で，発生率や重症度を再び把握・比較し，数値が減少して

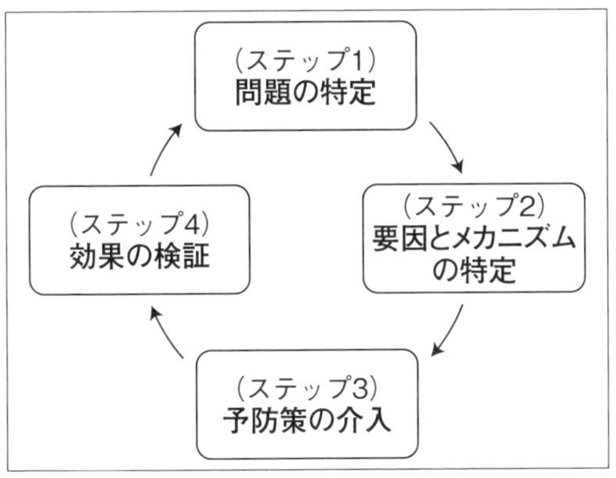

図５－１　van Mechelen らの予防実践モデル
（筆者が改編）

いるかどうかを客観的に確認する（ステップ４）。これが，スポーツ外傷・障害予防の実践モデルであるが，このサイクルは１周で終えることなく，回し続けることが重要であるとされている。このサイクルを回し続けることによって，より良い予防策を講じることが可能となり，つまりは，スポーツ現場における外傷・障害を限りなくゼロに近づけることが可能となるのである。

（３）　スポーツ外傷・障害調査

スポーツ外傷・障害調査とは，スポーツ活動中に発生したスポーツ外傷・障害の発生件数や重症度を集計し，その発生率を算出することである。つまり，先に述べたスポーツ外傷・障害予防の実践モデルにおける，ステップ１の作業である。疫学調査とも呼ばれることもあり，発生率や重症度だけでなく，それらに関連する情報も一緒に集計することが一般的である。たとえば，天候や練習環境，重症度を図るために活動の離脱期間などが含まれる場合が多い。また，この調査で最も重要になるのは，活動時間の集計である。外傷・障害はスポーツの活動時間が長ければそのリスクは高まるため，発生率を算出する際にはスポーツをした時間を考慮する必要がある。具体的には，人数と時間を掛け合わせて，暴露時間（exposure time）を算出する。たとえば，チームで10名の選手が1時間練習を行った場合，exposure timeは10（名）×1（時間）で10 player-hoursとなる。しかし，参加時間数まで集計することが難しい場合は，選手が練習や試合に参加した日数と参加した人数を掛け合わせる算出方法もある。その場合は，10（名）×1（日）＝10 athlete-exposuresをexposure timeとする。そして，これらのexposure timeを分母に，外傷・障害の発生件数を分子にし，算出された値を1,000倍し，1,000 player-hours，もしくは1,000 athlete-exposuresあたりの発生率としている。また，一般的には，スポーツ外傷・障害は，1日以上練習や試合を休まなければならなかった場合に1件とカウントする。

このように，外傷・障害調査を詳細に行うことで，そのスポーツ現場でのケガや事故の実態を把握し，どのような傾向があるか，どのような問題があるのかを特定することが可能となり，予防策を講じることができる。教育現場でも事故を減らすことが求められているため，自身の活動している現場でどのようなケガや事故が発生しているのかを把握することが必要であり，予防のための第一歩として，外傷・障害調査の実践が求められる。また，これらの方法は実際に発生した事例や件数のみを対象にしているが，学校安全の観点では，ヒヤリ・ハット事例も無視してはならない。学校現場では，実際に発生している事故よりも，ヒヤリ・ハット事例の方が多く発生している。そのため，自身が活動している現場において，たとえ事故につながっていなくても，同じようなヒヤリ・ハット事例があるのであれば，次の事故を防ぐためにも事例を記録し，外傷・障害予防の実践モデル〔図5-1〕に則って，リスクを除外し，予防策を講じることが必要である。

（4）　アスレティックトレーナーとは

競技スポーツの現場では，外傷・障害調査はメディカルスタッフが主に実践している。特に，アスレティックトレーナーはその役割を担うことが多い。アスレティックトレーナーとは，医師や指導者との緊密な協力のもとに，競技者の健康管理，外傷・障害予防，スポーツ外傷・障害の救急処置，アスレティックリハビリテーション，体力トレーニング及びコンディショニング等にあたる者を指している。スポーツ現場では，選手を中心として，コーチやマネージャー，医師，栄養士，心理士など，さまざまな専門家が関与して，スポーツ活動時の環境や選手の安全や強化を担っている。その中でも，アスレティックトレーナーは上記の役割だけでなく，それぞれの専門家と選手をつなぐ，パイプ役と評されることもあり，幅広い知識を有している。わが国においては，日本スポーツ協会の指導者資格として，アスレティックトレーナーの資格認定制度がある。さまざまなスポーツにおいてプロチームが多くなってきた日本のスポーツ界においては，欠かせない資格となってきている。諸外国でも同様にアスレティックトレーナーの制度は存在しており，最も発展しているのはBOC-ATC（米国資格認定委員会（Board of Certification）公認アスレティックトレーナー）である。米国ではプロチームだけでなく，各州の決まりによって公立の高等学校や中学校にもアスレティックトレーナーの配置が義務化されている。米国においては，学校でのスポーツ活動においても，アスレティックトレーナーがコーチや保護者，地域の医療機関などと連携して，スポーツの安全を通して学校の安全を構築している。

このように，競技スポーツの現場では，アスレティックトレーナーな

図5-2　アスレティックトレーナーの役割の
1つには救急処置も含まれている

どをはじめとするメディカルスタッフがスポーツ現場の安全を構築している〔図5-2〕。学校現場においても，スポーツ活動という特殊な環境では，生徒を取り巻く危険が「生活安全」や「交通安全」，「災害安全」とは大きく異なる。そのため学校のスポーツ活動に関わる者は，スポーツ活動に伴う危険を的確に把握することが求められる。そして，学校安全を担う関係者全員（校長や担任教員，養護教諭等）でそれに対する具体策の立案と共有を実践する必要があるだろう。

3. コーチ（指導者）の役割

(1)　コーチングとは

コーチとは，その語源に役割を見ることができる。Coach とは四輪馬車を意味しており，「目的を持った客を目的地まで確実に運ぶ役割を担った人」であると表現されている。そのため，コーチの役割は，目的を達成するために支援し，手助けを行い，ともに歩んでいくこととも言える。そして，このような役割と任務は「コーチング」と呼ばれる。コーチングと混合して考えてしまうのが，「ティーチング」である。これは，教える，指導するといった意味であり，知識や技能を教え込むという役割を指している。そして，ティーチングは対象となるすべての者に対して，同じ内容を同じ手法で伝えるアプローチであり，コーチングは，個々に対して指導内容や指導方法を個別にアプローチするという違いがある。また，ティーチングはインプット，コーチングはアウトプットを主な目的としている。そのため，コーチの役割には，選手の可能性や能力，やる気などを引き出すことも含まれている。学校教育のスポーツ現場においては，初心者や未熟練者を指導することが多くなると考えられるため，ティーチングによる指導を展開することが多くなることは想定される。しかし，選手の可能性を引き出すことや，主体的にスポーツに取り組む姿勢を促すためには，コーチングの手法も必要になってくるのである。また，コーチの重要な役割の１つに，選手を取り巻く環境を整備することも含まれている。スポーツ環境の整備には，正しい知識を身につけ，環境を整備し，体制を整えることが求められる。各スポーツに対する専門的な知識に加え，安全管理やトレーニングに関する知識，発育や発達に関する知識を踏まえた，スポーツ科学の基本的な知識が求められ，さまざまな専門家との連携によって環境を整備することが必要である。

（２）　コーチングとハラスメント

スポーツ指導の場面では，教える側と教えられる側という，明らかな上下関係が存在しており，そのなかで最も強い関係性を示しているものが，コーチと選手の関係である。そして，明確な上下関係により，「スパルタ指導」などが発生し，コーチの威圧に選手は動かされてしまい，自身の思考によって判断することができなくなってしまう。これらの指導法には，短期間で必要な技術を習得できる，というメリットがあると考えられているが，選手はコーチの威圧にただ動いているに過ぎないため，自身の判断によって習得されたものではないというデメリットも存

図5-3　体罰は身体的な攻撃だけでなく，
言葉によるものも該当する

在する。このような関係性について，ここでのメリットは，コーチにとってのメリットだけであり，選手にとっては一生引きずるかもしれないハンディになるデメリットであることが指摘されている。また，「体罰」についても同様に，経験論や感情論に依存しており，何が問題なのかを科学的に，かつ論理的に説明することができていない状態である。つまり，暴力以外で選手に起こっている問題を解決する方法を持ち合わせていない，もしくは考えていない状態である。そのため，体罰は指導力不足を露呈するものに他ならない，と考えられている〔図5-3〕。そもそも，「体罰」という言葉があるために，教育現場ではあっても仕方ない，というような考え方が生まれているようにも感じる。しかし，体罰は法律でも禁止されており，教育現場ではない異なる現場で同じような事が起これば，単なる「暴力」と認識される。つまり，これらも選手にとっては一生引きずるハンディになる可能性があるということを考えてほしい。また，学校教育の場においても，教職員と生徒の上下関係は同様に明確なため，同じようなリスクが発生すると考えられる。

(3)　教育のなかでのコーチ（指導者）の役割

教職員を目指す者の中には，部活動の指導がしたい，という目的を持っている者もいる。しかし，学校教育の場において最も優先されるべきは教育活動であり，競技スポーツ等の専門技術の指導ではない。また，多くの時間を費やすことになるため，部活動の顧問を持ちたくない，と考えている者も多くいるかもしれない。スポーツ活動は危険を伴う，などと言われると，更に運動部活動を受け持つことを苦に感じてしまうかもしれない。しかし，部活動を通して，新たな教育の場を創出していると考えることもできる。どのように部活動と向き合っていくかについては，学校によっても方針は異なると思うが，教育活動の場として活用してもらえることが望ましい。そのためには，１人で請け負うのではなく，安全や安心を確保するためにも，学校内や学校外のさまざまな専門家に頼り，責任や負担を分散させることで，部活動の場を教育の場にしてほしいと願う。

学習課題

1．JSC のデータベースから，学校管理下での死亡事故を検索し，スポーツ活動中にどのような事故が発生しているのか確認しよう。
2．自身の関わる対象を想定して，コーチングとティーチングの役割を考えてみよう。

引用・参考文献

・日本スポーツ協会 HP.
https://www.japan-sports.or.jp/coach/tabid218.html（2021/02/22アクセス）

・W van Mechelen 1, H Hlobil, H C Kemper.（1992）「Incidence, severity, aetiology and prevention of sports injuries.」A review of concepts, Sports Med, 14(2)：82-99.

・早稲田大学スポーツ科学学術院（2017）『教養としてのスポーツ科学　改訂版』大修館書店

・南部さおり『部活動・スポーツにおける安全指導・事故対応の手引』日本体育大学　スポーツ危機管理研究室
https://www.nittai.ac.jp/kikikanri/pdf/guidance.pdf（2021/02/22アクセス）

・中澤篤史（2017）『そろそろ，部活のこれからを話しませんか　未来のための部活講座』大月書店

6 熱中症と脳振盪（ノウシントウ）の予防

大伴茉奈

《目標＆ポイント》 命に関わる重大事故につながりかねない熱中症と脳振盪について，スポーツ医学における最新の研究成果に基づいて，その発生機序と事故防止策を説明します。
《キーワード》 熱中症，脳振盪，事故予防

1．熱中症について

（1） 熱中症とは

熱中症の多くは，気温や湿度が高い環境で運動することで体内の水分や塩分のバランスが崩れることによって，高体温状態が続くことで体温調節機能がうまく働かなくなり，体内に熱がこもることで発生する。熱中症は学校管理下において，体育の授業や部活動におけるスポーツ活動中に発生していることが多く，死亡事故も報告されている。スポーツ活動中の報告では，野球やラグビーなどの野外の競技での発生が多いことが示されている。しかし，室内の競技においても発生しており，特に防具や厚手の衣服を着用する競技で多く報告されている（柔道や剣道など）。

熱中症とは，暑さによって生じる障害の総称であり，「熱失神」，「筋けいれん」，「熱疲労」，「熱射病」などの病型に分類されている。これらは発生のメカニズムが異なるため，現れる症状等も異なる。

・「熱失神」では，高温環境下において，皮膚の血管が開くことに

よって，血圧が低下し，脳に血液が循環しづらくなることで生じます。症状としましては，めまいや失神が現れる。

・「筋けいれん」では，大量の汗をかき，水ばかりを摂取することにより，筋肉を動かす電解質（塩分）が不足し，筋肉がけいれんを起こす。

・「熱疲労」では，大量の汗をかき，水分補給が不十分になってしまうと，循環器への負担が高まり，脱力や倦怠感（けんたいかん）・めまい・頭痛・吐き気などが現れる。

・「熱射病」では，体温が40.0℃（直腸温）を超えることによって，体温調節をする中枢神経が異常になり，意識障害やめまい・吐き気・頭痛などが現れ，これほどの高体温は生命に関わる重大な状態になってしまう。

熱中症は正しい知識と対処を行うことができれば，防ぐことができる病態である。スポーツ活動中の熱中症については，発生しやすい環境や，個人の要因，運動様式などが組み合わさることによって発生すると考えられている〔表６−１〕。そのため，注意すべき環境や個人の要因等については事前に１つずつ取り除く努力が求められる。

表６−１　熱中症に注意すべき環境や要因（筆者改編）

〈環境〉	〈個人の要因〉	〈運動様式〉
■梅雨明け	■肥満傾向	■ランニング
■急に気温が上昇した時	■体力がない	■計画性のない運動（罰走など）
■久しぶりの運動時	■持病がある	■防具などを着用する競技
■定期試験明け	■運動習慣がない	■換気の悪い室内競技
■長期休暇明け	■暑さに慣れていない	
■ケガなどからの復帰後	■体調不良	
■換気の悪い室内	■睡眠不足	

（出所）　金澤・三森・斎藤（2020）「みんなでつくる学校安全」少年写真新聞社

（２）　必要な対応について

救急処置は病型によって判断するより，重症度に応じて対処する必要がある。暑い時期の運動中に熱中症が疑われるような症状が見られた場合は，意識障害や見当識障害の有無から，まずは最も重症な病型である熱射病かどうかを判断する。熱射病の特徴は高体温と意識障害であり，応答が鈍い，言動がおかしいなど少しでも意識障害が見られる場合には熱射病を疑い，救急車を要請したうえで，涼しいところに運び，速やかに身体冷却を行う必要がある。高体温の判断については，直腸温が40℃以上，という基準があるが，わが国の教育現場で直腸温を測定することは不可能に近いため，意識障害があるような，熱射病が疑われる場合には，直ちに身体冷却を行うべきである。なぜなら，熱射病の救命は，どれだけ早くに（約30分以内に）体温を下げることができるか，にかかっているのである。熱射病が疑われる場合は，躊躇することなく，早急に身体冷却を行うことが求められる。また，救急車を要請しても，到着までの間は冷却を継続することが重要である。身体冷却の方法としては，①より冷たいもの，②一度により広範囲の冷却が可能な手段，が効率的である。最も適しているのは，アイスバス（バスタブのようなもの，子ども用プールなども活用できる）に氷水を入れ，そこに全身を浸す方法である。この時，顔が水に浸かってしまうと呼吸ができなくなるため，脇にタオルを挟んで溺れないように補助をする必要がある。また，冷却中に水分を口から摂取できる場合は，ナトリウム（塩分や電解質）の含まれている水分を補給させる。

熱失神や熱疲労などが疑われる場合は，涼しい場所（エアコンの効いた教室など）へ移動させ，衣服を緩め，足を高くして寝かせる。その際にも体温を下げるために全身のなるべく広範囲に氷のうや凍ったものなどを使用して冷却する必要がある。一般的に提唱されている，動脈に氷のうを当てる対処方法は冷却範囲が狭く，冷却速度も劣るため，より広範囲を冷却することが重要である。また，全身を冷たく濡らしたタオルなどで冷やし，扇風機などを活用して風を送ることも有効的である。しかし，野外の活動中などで，冷却する道具がない場合は，冷たい水道水などを全身にかけて冷却し（ホースなどを活用する），タオルなどで扇ぎ，風を送るようにすることが必要である。この時にも，冷却中に水分を口から摂取できる場合は，ナトリウムの含まれている水分を補給させる。また，これらの冷却は症状が改善するまで継続することが重要である。

（3） 予防策を考える

熱中症は正しい知識と対処を行うことができれば，防ぐことができる。前述したように，環境や個人の要因などを事前に取り除くことによる予防効果はとても大きい。また，実際のスポーツ活動中に行う熱中症の予防には，教職員が取り組むべきことは多くある。

1）暑さ指数（WBGT）を測定する
2）生徒の健康観察を行う
3）暑熱順化期間を設ける
4）休憩を計画的に組み込む

WBGT とは気温や湿度，輻射熱（地面や建物などから直接伝わる熱）の３つからなる温度の指数である。この指数に沿って，各段階における熱中症予防に関する運動指針が示されており，毎日の活動の中で計測し，休憩ごとに確認する必要がある〔表６-２〕。また，土のグラウンドと芝のグランドでは異なる指数を示すこともあるため，活動場所で正しく測定することが求められる。

生徒の健康観察については，活動開始前に，体調や睡眠の状態，食事がとれているかなどを聞き取り，確認する。これらのことは，熱中症の

表6－2　運動に関する指針（WBGT）（筆者が改編）

（気温）31℃以上	運動は原則中止	特別の場合以外は運動を中止する。 特に子供の場合には中止すべき。
28～31℃	厳重警戒 （激しい運動は中止）	熱中症の危険性が高いので，激しい運動や持久走など体温が上昇しやすい運動は避ける。10～20分おきに休憩をとり水分・塩分を補給する。暑さに弱い人は運動を軽減または中止。
25～28℃	警戒 （積極的に休息）	熱中症の危険が増すので，積極的に休憩をとり適宜，水分・塩分を補給する。 激しい運動では，30分おきくらいに休憩をとる。
21～25℃	注意 （積極的に水分補給）	熱中症による死亡事故が発生する可能性がある。 熱中症の兆候に注意するとともに，運動の合間に積極的に水分・塩分を補給する。
21℃未満	ほぼ安全 （適宜水分補給）	通常は熱中症の危険は小さいが，適宜水分・塩分の補給は必要である。 市民マラソンなどではこの条件でも熱中症が発生するので注意。

予防だけでなく，ケガの予防にもつながるため，１年間を通して継続し，習慣化できるとより良いだろう。

暑熱順化期間とは，暑さに慣れる，適応させる期間を指しており，季節の変わり目などに設ける必要がある。普段汗をかかない活動をしている人は，発汗がうまく行われないと熱が放散できず，熱中症のリスクが高まるため，このような期間を設ける必要がある。暑熱順化には，２週間弱の期間が必要であると言われており，この期間に徐々に活動を増やし，暑さに体を慣らしていくのである。暑熱順化の効果は，①汗をかき始める体温が低くなり，②同じ体温でかく汗の量が多くなるなどあり，発汗による熱放散の能力などが向上する。

生徒自身で取り組むべき予防方法もあり，以下の取り組みに対する生徒への教育も重要になってくる。

1）規則正しい生活を送る

2）正しい水分補給を心がける

3）脱水状態の確認をする

規則正しい生活を送ることは，上述した健康観察とつながるが，睡眠不足や体調不良は脱水を起こしやすいため，暑くなってきたらより注意が必要である。

水分補給については，運動時に必要な水分量は個人差があるだけでなく，運動の内容（時間や強度など）や環境（気温や湿度など）など，さまざまな影響を受けるため，できるだけ自身のタイミングで水分摂取できる環境が望ましい。そのため，体育の授業や部活動中には，休憩時間を設けることも必要であるが，ある程度自由に水分補給ができる環境を整えることが求められる。また，スポーツ現場ではよく取り入れられているが，活動（練習や試合など）の前後で体重を測定し，活動中の脱水量を測定することができる。減量が体重の２％を超えてしまうと，水分補給が足りていないことを表すため，次回以降はより多くの水分を摂取するよう心がける必要がある。また，熱中症の予防だけでなく，パフォーマンス発揮の観点からも，脱水により運動能力も低下してしまうため，生徒と教職員で協力して取り組むべきである。

脱水の確認方法については，喉の渇きを感じた時点で既に脱水は始まっていると言われており，活動の前から定期的に水分補給を心がけるようにすべきである。また，自身の尿の色を確認することでも脱水の状態を確認することが可能となる（尿カラーチャート）。学校内のお手洗いに，こちらのチャート〔図６-１〕を掲示するなどして，確認を促すことも重要である。また，チャートに示されている色よりも薄い場合は，水のみを摂取しすぎている証拠でもあるため，ナトリウム等の電解質が含まれている水分を補給するように注意すべきである。１時間未満の運動であれば，水分補給は水のみでも十分だと言われているが，運動時間がそれ以上に及ぶ場合や，既に熱中症の症状が見られている場合には，

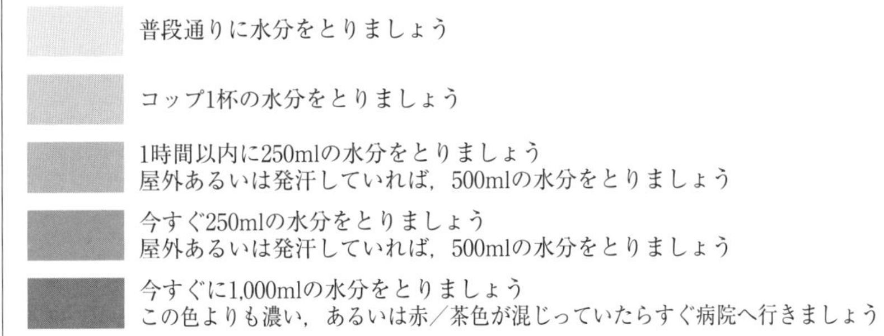

図６－１　尿カラーチャート（筆者が改編）

スポーツドリンク（電解質や糖質の含まれている）を併用することが推奨されている。

このように，熱中症は多くの要因が重なることによって発生することがわかっている。そのため，総合的にリスクを考えて熱中症予防に取り組むことが大切である。

2. 脳振盪について

（１）　頭部外傷（脳振盪と脳損傷）

脳振盪は頭部外傷の１つである。頭部に発生するケガをまとめて頭部外傷と称されている。頭部外傷の中でも重症頭部外傷に分類されるものに，脳損傷や脳振盪が該当する。スポーツ活動中に発生する，脳損傷と脳振盪は，その発生機序が類似していることから，スポーツ現場において，その区別をすることは困難である。脳損傷とは，脳の組織や血管が傷つくことを指しており，①緊急手術が必要になる場合や死亡事故につながることがある，② MRI や CT などの画像所見によって頭蓋内への出血や脳の形に変化が見られるものである。脳振盪とは，脳の活動（機能）に支障が出ることを指しており，①時間経過と共に回復するが，見

表6－3　重篤な頭頸部外傷の症状や徴候（筆者が改編）

警告：救急車を要請しましょう	
■首が痛い／押さえると痛む	■一瞬でも意識を失った
■ものが二重に見える	■反応が悪くなってくる
■手足に力が入らない／しびれる	■嘔吐する
■強い頭痛／痛みが増してくる	■落ち着かず，イライラして攻撃的になる
■発作やけいれんがある	

逃すと脳損傷へ発展してしまう可能性がある，② MRI や CT などの画像所見では異常は見られないものである。脳損傷は脳振盪よりも重篤な状態であり，頭部に衝撃を受けて倒れたりした場合は，より重篤なケースを疑って対応することが望ましい。頭や体をぶつけたりして，脳（頭部）に強い衝撃が加わった際は，生徒の様子が普段と違わないかを確認し，ぶつけた時の状況も本人や周りの人に確認することが必要である。また，大きな衝突が発生する場面や，選手が倒れて動かないという場面では，首のケガ（頸部外傷）が発生している場合もある。そのため，より重篤な状態になっていないか，脳損傷や首のケガ（頭頸部外傷）をしている可能性がないかと疑い，上記の項目〔表6－3〕を確認し，該当する場合はすぐに救急車を要請する必要がある。

（2） 脳振盪について

脳振盪は頭や体に直接的または間接的な外力が加わり，脳が揺さぶられることによって，脳の神経線維が圧迫されたり，引っ張られ，脳の機能が障害された状態のことである。つまり，脳の形などが変化するのではなく，脳の機能が変化するケガなのである。脳振盪が発生する状況はさまざまあり，人と衝突して発生する場合や，床に頭を打ち付けて発生したり，物に衝突しても発生する。学校生活においては，スポーツ活動中の報告が多いが，雨の日に廊下で転倒したことによっても発生している。2000年に入ってから，スポーツ関連の脳振盪に関する研究は急激に増加したため，さまざまなことが明らかになってきた。スポーツの種類や特徴によっては，同じようなシーンで発生することが多いため，関わるスポーツによって，注意が必要である。また，脳振盪になった場合の変化は人によってさまざまであることもわかっている。頭が痛くなる人もいれば，嘔吐してしまう人などさまざまである。そのため，脳振盪は意識を失った，記憶がなくなった場合にのみ発生するといった認識は誤りであり，意識等を失わなくても，自覚症状が出現したりして，脳の機能に異常が見られれば脳振盪と診断される。

頭や体をぶつけたりして，脳（頭部）に強い衝撃が加わった際は，生徒の様子が普段と違わないかを確認し，ぶつけた時の状況も本人や周りの人に確認をする必要がある。確認する事項として，脳振盪の代表的な以下の自覚症状が見られた場合は，脳振盪を疑い，どのような症状があるか，どの程度あるのかを記録することが必要になる。症状の程度を評価する際は，０－６の段階で評価することが推奨されており，０は「全くない」，１－２は「軽度」，３－４は「中等度」，５－６は「重度」のレベルを表す。また，脳振盪の症状は多岐にわたるため，〔表６－４〕に挙げた22個の症状を全て確認することが重要である。脳振盪の症状を確認する際，子どもは自分の感じている症状をうまく伝えられない場合が多くあるため，子どもにわかりやすい言葉で聞く工夫も必要である。０－６の段階で表現することが困難な場合は，０－３のレベル分けにして，０は「全くない」，１は「少し／たまに」，２は「わりと／ときどき」，３は「とても／いつも」の４段階で評価してもいい。それでも伝えられない，聞き取れない場合は，保護者や普段の様子と比較できる者と一緒にどの項目に該当するか，普段と違うかを１つずつ確認することが必要

表６－４　脳振盪の自覚症状

身体的症状	認知的症状	感情的症状
1．頭が痛い	1．動きや考えが遅くなった	1．いつもより感情的
2．頭がしめつけられる	2．霧の中にいる感じ（ぼーっとする）	2．いつもよりイライラする
3．首が痛い	3．何かおかしい，と感じる	3．理由なく悲しい　気分の落ち込み
4．吐き気がある／吐いた	4．集中できない	4．心配／不安
5．めまいがする	5．覚えられない	
6．ぼやけて見える	6．混乱している	
7．ふらつく		
8．光に敏感		
9．音に敏感		
10．疲れる／やる気が出ない		

睡眠症状
1．眠気が強い
2．眠れない／寝つけない

になる。しかし，これらの確認をして，該当する場合は脳振盪だ，と判断するのではなく，これらを基に脳神経外科を受診させることが重要である。脳振盪の症状や徴候と，脳損傷の症状には重なるものもある。さらに，頭のケガについては，外見だけでは頭蓋骨内の様子はわからないため，脳神経外科（や救急外来）を受診し，MRI や CT によって脳内の様子を確認し，出血や変形がないかを確認する必要がある。

（３）　必要な対応について

脳振盪になってから48時間は認知的，身体的休息を設けることが必要である。この期間は脳振盪の急性期であるため，脳振盪になってから48時間で回復するわけではない。そのため，脳振盪になってから48時間はいかなる場合も安静にすることが求められ，その期間の後に活動の再開に向けてのプログラムを組み立てることが可能となる。昔ラグビーの現場でよく見られた，「魔法のやかん」と呼ばれるような対処法では回復するはずもない。脳振盪からの回復は，成人では７～10日，子どもでは２～４週間程度の期間を要する。回復期間には，身体活動（運動や体操

表6－5　段階的な学業への復帰（筆者が改編）

段階	目的	活動／運動	目　標
1	自宅における日常生活動作	症状を出現／増悪させない範囲での日常動作	日常的活動への段階的な復帰
2	自宅での学習活動	宿題や読書，授業外でのその他の認知的な活動	認知的な活動に対する耐性を高める
3	部分的な学校活動の復帰	参加時間の制限や休息機会を考慮し，学校／学習活動を増加する	修学の段階的再開
4	全体的な学校復帰	1日の学校生活を過ごせるようになるまで，段階的に学校活動を増やす	通常の学習活動に復帰し，勉学の遅れを取り戻す

（出所）McCrory P, Meeuwisse W, Dvorˇák J, et al（2016）

など）はもちろんのこと，認知活動（勉強や委員会活動など）も制限する必要がある。そのため，脳振盪と診断された生徒に対しては，学校生活において特別な対応が必要である。脳振盪から回復していないうちに活発な活動をしてしまうと，症状が長引き，回復が遅れてしまう場合や，長期にわたって症状が持続してしまうような事例（数か月や数年持続してしまう）もある。そのため，脳振盪の国際会議では，学校生活や学業を再開する場合には活動制限を設けて，段階的に復帰することを推奨している〔表6－5〕。骨折などのケガをした場合は，ギプスや松葉杖などを利用して保護するため，周りの人からもすぐに理解されやすい。しかし，脳振盪は外見からではわかりにくく，本人の自覚症状が主な訴えになるため，より慎重な対応と情報共有が必要になる。脳振盪になってすぐの時期には試験や課題などを別の形で行うか，延期するように配慮してあげられるとより良いだろう。また，身体のケガとは異なるため，身体活動を勧めてしまいがちになるが，運動の再開についても，活動制限を設けて段階的に復帰することが推奨されている〔表6－6〕。そのため，

表6－6　段階的な運動への復帰（筆者が改編）

段階	目的	活動／運動	各段階の目標
1	症状を増悪させない範囲での活動	症状を誘発しない範囲の日常動作	就業や学校生活の段階的な再開
2	軽い有酸素運動	ウォーキングやエアロバイクを用いた緩徐から中等度の運動や筋力トレーニングは避ける	心拍数の増加
3	スポーツの特性に合わせた運動	ランニングやスケートなど，頭部への衝撃や回転を伴わない運動	運動（負荷）の追加
4	接触プレーのない運動	より負荷の高い練習（パス練習など）より高負荷の筋力トレーニング	練習，調整，思考力の増加
5	接触プレーを含む練習	メディカルチェックを受けたあとに通常練習	自信の回復，コーチによる競技上の技術の評価
6	スポーツ活動復帰	競技（試合）復帰	

（出所）McCrory P, Meeuwisse W, Dvorˇák J, et al（2016）

体育の授業や運動部活動でも情報の共有が重要になる。〔表6－6〕に示してあるように，まず学校生活や学業を問題なく行えるようになってから，身体活動を段階的に上げていくことが必要である。そして，これらの情報を学校全体で共有することで，生徒の脳振盪からの回復を適切に支援することが可能になる。これらの段階を上げていく目安としては，生徒が自覚する症状が新たに出現したり，症状が増悪する場合はそれらの活動がまだ困難であることを示しているため，段階を上げることを避けた方が良いだろう。また，段階を上げるには，自覚症状を確認して，進めていくことが必要である。そのため，学校生活においては，日毎や週毎に自覚症状の種類や程度を評価し，管理することが求められる。また，担任の教職員や部活動の顧問だけで管理するのではなく，養護教諭などにもサポートしてもらい，学校全体で情報共有し，支援の方法を検討することも必要になる。

（4）　予防策を考える

脳振盪はスポーツや交通事故で発生するが，スポーツ現場においては，その活動の特徴から，繰り返し発生することが問題視されている。また，脳振盪を繰り返し起こしていると，将来的に健康問題が現れることなども報告されており，脳振盪の予防は取り組むべき事項である。脳振盪の予防については，これを装着していれば確実に防ぐことができる！というような製品の開発はされていない。そのため，どのような状況で発生しているかを調べて把握し，その状況をなるべく避けるような努力をするしか方法はない。

脳振盪の予防に最も効果的であると言われているのは，競技ルールの改定である。各スポーツの競技団体が研究調査などを基に，脳振盪が頻繁に発生するシーンを取り除くためにルール改定を行っている。たとえば，サッカーにおいては，ヘディングのシーンにおいて選手同士の接触によって脳振盪が発生することが高頻度で報告されたため，ヘディングのシーンで相手選手に肘などを接触させた場合は一発でレッドカードが提示されてしまう。このように，ルールの厳守が脳振盪予防にもつながるため，体育の授業などで最新のルールを学ぶことは重要なのである。

また，学校のスポーツ活動では脳振盪から発展する頭部外傷による死亡事故の報告も多くされている。これらの発生事例から，予防方法を検討することも重要である。頭部外傷による死亡事故が多く報告されている柔道においては，同じような事例が報告されている。以下の状況が共通して挙げられる項目であり，これらのリスクを避けることが重要であると示している。

1）学年差のある者同士の対戦

2）初心者と熟練者での対戦

3）体格に差の有る者同士の対戦

4）大外刈りでの頭部外傷発生　など

上記のリスクについては，どのスポーツでも該当する項目も含まれているため，発育や発達，習熟度に違いが見られる体育の授業や部活動では，配慮が必要となる。

スポーツによっては脳振盪発生の場面やリスクは異なるため，学校やチームでも特徴が見られる場合がある。そのため，原因を分解・分析して，それらへの対処を学校やチームとして考えていくことが必要になる。

3. 事故予防のための啓発教育

本章で取り上げた熱中症と脳振盪などについては，死亡事故へと発展する可能性があるため，事前に予防する努力が求められる。そのために最も重要なのは，知識等の啓発教育である。近年ではさまざまな媒体によって情報が得られやすくなっており，教職員がこれらに関する知識を持ち合わせていることが前提となりつつあるため，正しい知識を習得する必要がある。また，これらの知識はスポーツ活動に関わる教職員だけでなく，学校安全に関わるすべての教職員が持ち合わせている必要がある。生徒が熱中症や脳振盪になってしまった場面が体育の授業や部活動でのスポーツ活動中であったとしても，体育や部活動などは学校生活の一部であり，その他の活動時間の方が圧倒的に長いのである。そのため，すべての教職員で情報を共有することが重要であり，養護教諭を中心とした学校全体でのサポートが必須になる（第7章で詳しく紹介する）。

啓発教育の目的は，（1）熱中症や脳振盪を見逃さないことと，（2）それらから安全に社会復帰（学業や運動の再開）をさせることである。たとえば，米国のスポーツ現場では，スポーツに参加する選手やコーチ，保護者は必ず脳振盪の教育を受けないといけない，というような決まりがある。これはプロチームに限ったことでなく，中高生の活動においても同様の扱いがある。このように，脳振盪の教育はスポーツに関わるすべての人にとって大切な役割を担っており，わが国においても，学校安全の領域において重要な役割を果たすと考えられる。わが国においては，啓発教育によって学校全体の熱中症や脳振盪に関する「安全な文化」を構築していくことが必要である。ケガや死亡事故の予防をするためには，「文化」を変えることが求められる。生徒の安全を守るためには，従来の習慣や伝統などが存在していたとしても，その「文化」を「安全で科学的な文化」へと変化させなければならないのである。

安全な文化を構築するためには，教職員だけでなく，生徒にも熱中症や脳振盪に関する知識を教育しなければならない。熱中症の初期症状や脳振盪の症状は生徒自身が感じる自覚症状に大きく依存するため，周りから見ているだけでは気が付かないことも多い。そのため，何か異変があればそれは危険な信号であることを理解させ，そのまま無理に活動を続けてしまうことのリスクも正しく伝えなければならない。また，生徒間においても他の生徒の体調不良や異変に気が付いた場合は，すぐに教職員に知らせるようにし，学級全体での安全環境を構築していく必要がある。また，熱中症や脳振盪を予防することは，パフォーマンスの向上にも貢献する。安全を守るという意義だけでは効果は目に見えにくいが，選手が良いパフォーマンスを発揮することができると，効果が目に見えるため，多くの人に伝えやすくなる。そのうえで，さまざまな活動は安全が担保されていることによって成り立つのだ，ということを学校安全のなかで生徒へきちんと教育する必要があり，教職員も理解する必要がある。スポーツ現場ではたびたび，ケガを堪えて戦ったことが美談になるが，熱中症や脳振盪は死亡事故につながる可能性があるため，断固として美談であることは容認できない。学校安全に関わるすべての者は，その一瞬にだけ着目するのではなく，その瞬間は人生の一部であると冷静に考えて関わっていく必要があると考える。

学習課題

1．自身の経験から，熱中症に該当する状態になったことがあるか考えてみよう。その場合，どのように対処すべきだったのでしょうか。
2．担任している学級の生徒が脳振盪になってしまったら，どのようなことに気を付けるべきでしょうか。どのようなサポートが必要か，1日の学校生活を通して想定してみましょう。

引用・参考文献

・McCrory P, Meeuwisse W, Dvořák J, et al. Consensus statement on concussion in sport-the 5th international conference on concussion in sport held in Berlin, October 2016. Br J Sports Med, 51(11)：838-847，2017.
・渡邉正樹（2020）『学校安全と危機管理　三訂版』大修館書店
・金澤良，三森寧子，齋藤千景（2020）『みんなでつくる学校のスポーツ安全』少年写真新聞社
・厚生労働省，安全プロジェクト https://anzeninfo.mhlw.go.jp/anzenproject/concour/2015/sakuhin5/images/n006_1.pdf（2021/02/22アクセス）

7　応急処置の留意点

大伴茉奈

《目標＆ポイント》 事故発生時の迅速な対応とその環境整備について考えます。特に学校現場で重要な役割を担っている養護教諭の関わりに着目し，事故防止に有効な取り組みについて解説します。
《キーワード》 応急処置，養護教諭，安全管理

1．養護教諭の働きについて

本章では，私立のI高等学校の養護教諭にご協力頂き，学校管理下における事故発生時の対応とその環境整備について，実施例を紹介する。こちらのI高等学校は，男女共学校であり，生徒数は約1,300名である。学校安全に対して，養護教諭だからできること，養護教諭でなくてもできること，養護教諭と協力して実施すべきこと，などを是非参考にしていただきたい。

2．迅速な対応のための環境整備，学校安全管理の実施例

（1） 物と体制と情報を整える

安全かつ安心な学校生活のために，環境を整える必要がある。まず最も活用される保健室の整備から紹介する。I高等学校では，保健室の図面を各教室や職員室，保健室入口に掲示しており，どこに何が保管されているかを全ての人に共有している〔図7-1〕。そのため，もし保健室

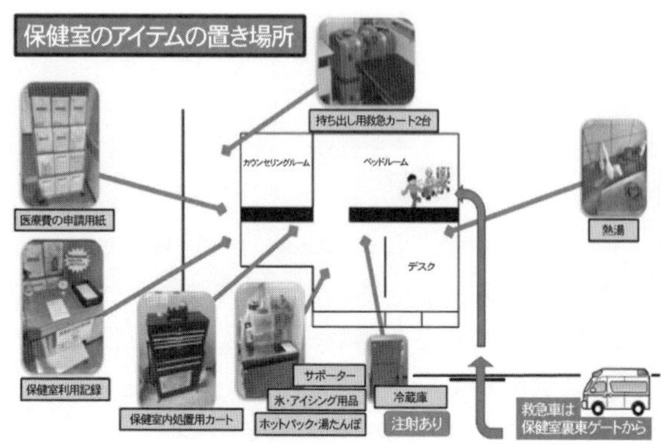

図7－1　保健室の図面（アイテムの置き場）

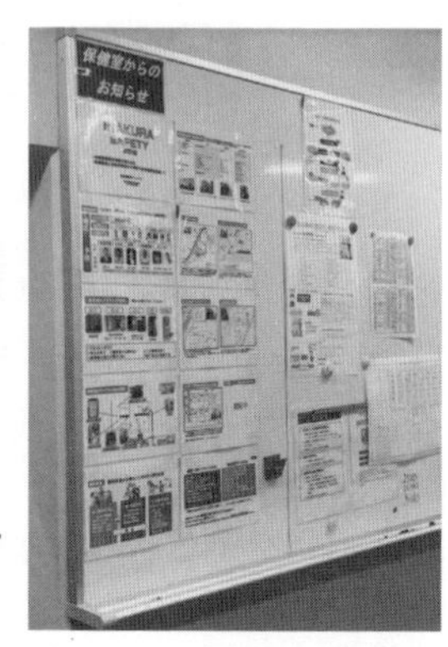

図7－2　普段の危機管理マニュアルの掲示

に養護教諭が不在であっても，ある程度の処置は他の教職員や生徒自身で行える仕組みになっている。もちろん，個人情報などを管理している棚は施錠して，常に養護教諭が鍵を携帯している。また，学校行事等で学外での活動がある際は，旅行用のスーツケースに必要な物を収納し，どんな場所でも保健室を再現できるようにしている。さらに，このスーツケースは通常時は保健室に常設してあり，学校内で必要になった際にも持ち運べるようになっている。このスーツケースを事前に準備しておくことで，緊急時にも落ち着いて対応することが可能になるようだ。

安全かつ安心な学校生活のためには，どこで緊急事態が発生してもそれらへの対応ができ，さらには，誰もがその対応方法等を理解している必要がある。そのため，学校保健安全法に示されている，危険等発生時対処要領（危機管理マニュアル）を作成し，事前に全教職員へ共有し確認しておくことで，学校全体での安全行動の指針を示すことが可能となる。I高等学校の危機管理マニュアルは，①普段の学校生活において緊急事態が発生した際の行動計画と，②学校行事ごとに想定される緊急時の行動計画，そして③学外施設での緊急時の行動計画など，事前に常設されている物品や場所を確認して行動計画を作成している。普段の学校生活における危機管理マニュアルは，学内の拠点となる場所に掲示し，必要な時には剥がして持ち出せるようにしている〔図7-2〕。掲示物に掲載されている情報は，以下の項目である。

1）緊急時の必要アイテムの設置場所（AED，担架，救急箱）

2）救急車要請の際に伝える内容

3）緊急時の救急車入場口の案内図

4）緊急搬送，受診の連携協力先（受診目的，医療機関名，診療科名，住所・電話番号等）

5）緊急搬送，受診時の経路

これらの情報を掲示物にして校舎内に掲示していることによって，誰でも対応することが可能となる。また，掲示物には，「救助者の鉄則」も掲載されており，①先生を呼ぶ，②傷病者から離れない，③二次事故を防ぐ，④傷病者の変化を覚えておく，⑤必ず先生に報告する，と書かれており，緊急事態に遭遇しその対応を生徒がすることも想定して資料が作成されている。

スポーツ現場においても，スポーツ事故が発生した際に迅速で統制のとれた対応をとるために，Emergency Action Plan（EAP）と呼ばれる緊急時の対応計画の作成が推奨されている。EAPには，スポーツ事故が発生した場合を想定して，救急処置に関わる人や物，情報を書き起こしてある。傷病者が発生した際に，チーム内の誰が，どのような役割を担うのかを明らかにし，連絡系統を記しておくことによって，緊急時にも慌てずに対応することが可能となる。スポーツ現場において，EAPを作成するのはアスレティックトレーナー（第5章参照）の役割であるが，緊急時にはチーム全体で対応する必要があるため，チームの関係者と相談しながら作成している。また，EAPは普段の練習場所だけでなく，試合会場や合宿で使用する会場などに関しても，事前に調査し，作成している。試合時には，試合前に相手チームのアスレティックトレーナーや関係者とEAPの内容を確認し，事前に傷病者への対応を決めておくこともある。スポーツ現場で活用されているEAPは，①傷病者の悪化を防ぎ，②より迅速に救急隊へと引き継ぐことを目的に作成されている。そのため，学校安全の場においても，EAPの内容は危機管理マニュアルへと反映させることが可能である。

（2） 情報を集めて備えることで，想定内にする

次に，I高等学校の養護教諭は，事前に予防できることや，予想できることについては，徹底的に洗い出して想定内にする準備をしている。活動現場において，余裕を持って対応するためにも，事前の準備が最も重要である。事前の準備の一例として，年度初めには，保健情報や健康診断の結果，既往症などの医療機関からの情報を基に，リスクのある生徒の情報を顔写真入りのカードにして全教職員へ共有している。たとえば，発作を起こす可能性のある生徒は事前に顔写真入りでリストアップしており，その原因となる既往症も一緒に記載している。何も知らない生徒が倒れていたら，一大事に感じてしまうが，この生徒にはこのような既往症があり，このようなことが起こる可能性があるため要注意，という情報が事前に理解できていれば，少しは落ち着いて対応することが可能となる〔図7-3〕。他にも，緊急時に特別な連絡対応が必要な生徒については，緊急時の対応を記載してリスト化し，保護者とも連携をとりながら個別の対応計画を詳細に作成している。命に関わる持病を抱えている生徒や運動制限のある生徒，加療中の生徒についても同様に顔写真入りのリストを作成して，情報共有している。これらの要注意リスト

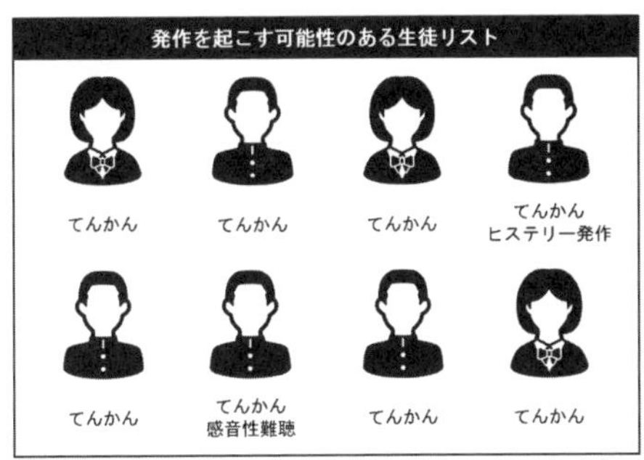

図7-3 発作を起こす可能性のある生徒リスト(例)

を作成しているため，事前に生徒と教職員，保護者と教職員でお互いの情報と状況を把握できており，素早い対応が可能となる。特に，注射対応が必要な生徒に関しては，携帯しているところや，どのように刺すことが必要かなどを，生徒や保護者と養護教諭で情報共有し，緊急時の対応についても訓練を実施している。これらの生徒や保護者から得られた情報については，養護教諭からすべての教職員へと情報共有され，訓練も全教職員が実施している。また，学外行事においては，養護教諭が同行できない場合もあるため，緊急時の統括担当教職員を決め，同行する教職員には事前に危機管理マニュアルと一緒に，リスクが高く注意が必要な生徒のリストを再度提示している。

(3) いつも自分を疑い，事故を分析する

緊急時の対応ができることは重要であるが，最も重要なのは，事故を未然に予防することである。そのため，I高等学校では，過去に保健室で対応した事故を分析し，さまざまな働きかけを行っている。

(事例1) 体育授業中に，バスケットボールの単元でシュート練習をしていて，シュート後にゴール下の窓の格子に手がぶつかって手

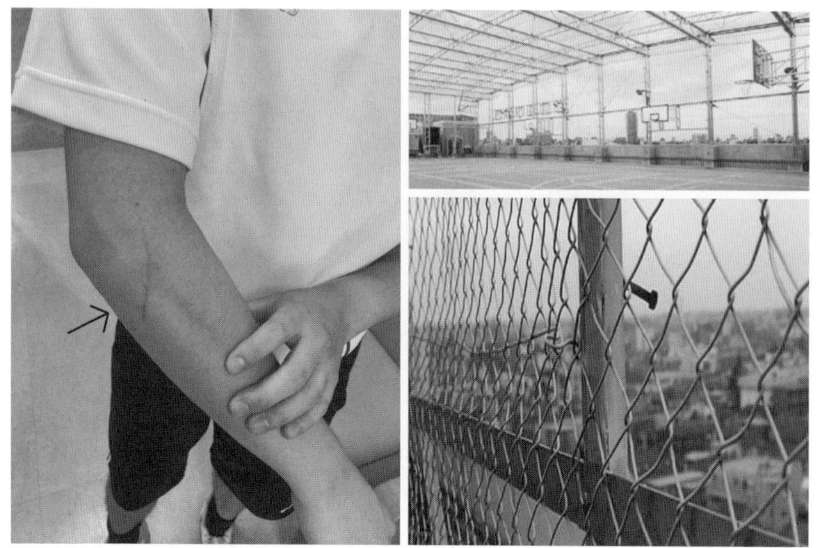

図7－4　ヒヤリ・ハット事例（事例2）

のひらに青あざができてしまった。

（事例2）　屋上で走っていたら，フェンスの針金が飛び出ていて，それに引っかかり，腕に少しだけ切り傷ができてしまった〔図7－4〕。

（事例3）体育の授業中に，柔道の単元で，組み合った相手の足の爪が刺さり，足の指に切り傷ができてしまった。

これらの事例については，学校の設備が事故発生の要因になっていたり，事前に生徒へ確認することで取り除くことが可能であった事例である。そのため，たとえば窓の格子には保護具を装着し生徒が直接衝突しないように施設を整えるなどして，一つひとつの事例に対して改善するための対策を講じた。また，日頃から教室以外の施設に関わる教職員がリスクを意識できるようにリスクマネジメントシートを作成し，各教科教職員等による記入をお願いしている。そして，週に１回実施されている教科会議で情報共有を行っている。このように，ヒヤリ・ハット事例に対しても真摯に向き合うことが，大きな事故を予防する第一歩につながっている。

（4）　仲間を育てることによって，守る力を増やす

Ｉ高等学校では，「１年に１回だけ安全点検をお願いします」と称して，校長や副校長も含めた全教職員を対象に，安全点検の訓練を実施している。安全点検の内容は，① AED の動作・バッテリー確認，②本物の AED を触る，③心肺蘇生法の胸骨圧迫を100回実施する，④エピペンの訓練・保管場所の確認，⑤年度初めに共有した要注意者リストの生徒確認，である。教職員は日常業務がある中でも，学校安全に関わる対応をしなければならないため，できるだけ負担を少なくしつつ，継続的に情報を確認できるように訓練を実施している。訓練実施の工夫として，学校内に設置している AED ごとに毎月点検教職員を複数名設定し，１年間で全教職員が訓練に参加して確認できるような仕組みを作っている。この点検には必ず養護教諭も参加し，訓練の様子を確認するとともに，日頃から相談や報告をしてもらいやすくするためにコミュニケーションの機会ともしている。また，ケガをした生徒を保健室に連れてきた教職員に対しては，応急処置の方法を一緒に考え，組織としての応急処置能力を向上させるよう働きかけている。特に，部活動顧問の教職員や保健体育科の教職員には，危機管理意識の共有を積極的に行い，対処方法を一緒に考えることで，「私にもできる」と感じてもらうようにしている。そして，養護教諭がいない場においても自信を持って対応してもらえるよう促している。また，教職員だけでなく，事務職員の方にも同様の安全点検に参加してもらっており，学校全体での安全教育を実践している。

(5) 子どもの生きる力を育てる

学校の安全環境を構築していく際に，生徒の協力は欠かせない。そのため，I高等学校においてもさまざまな働きかけで生徒を巻き込んだ活動を実施している。その中でも特に活発に活動を行っているのは，保健委員の生徒である。保健委員の生徒は，学級で傷病者が出た際に保健室への引率が役割にある。しかし，I高等学校では，引率だけで保健委員の役目は終わらず，保健室利用届け（ケガなどの詳細を記録する用紙）への記入補助や，教科担当の教職員への連絡，傷病者の荷物などの管理についても，自発的に保健委員の生徒が行っている。また，保健委員には，保健ボード〔図7－5〕を年に1回作成することを義務付けている。この保健ボードとは，各自で学校安全や健康に関連するテーマを選定し，ホワイトボードに書き込みをして正門の通路に掲示するのである〔図7－6〕。保健委員への啓発教育を行いながら，全校生徒への啓発教育も行っている。また，このときも教職員の安全点検と同じように，「1年に1回だけ」と呼びかけている。しかし，生徒数が多いこともあり，1人の保健委員が1年に1回作成したとしても，年間で36枚程の保健ボードが出来上がる仕組みになっている。

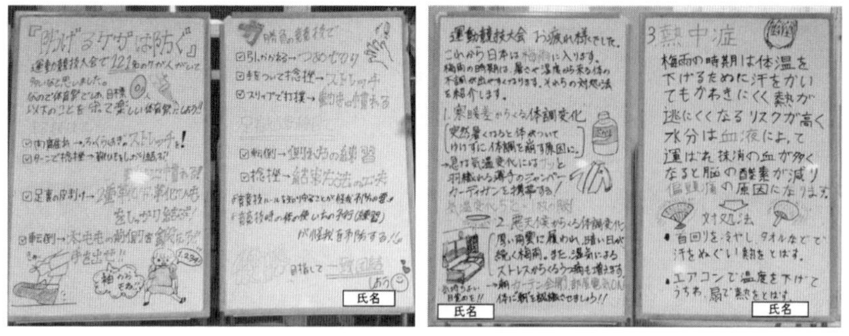

図7－5　保健ボード

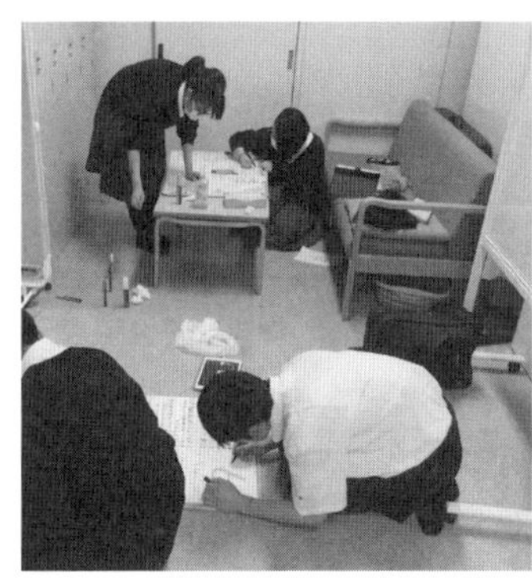

図７－６　保健ボード作成の様子

そして，この保健委員が最も活躍するのは学校行事のときである。体育祭や球技大会等では，保健委員会を「RESCUE TEAM」と名付け，専用のビブスを着用させている。RESCUE TEAMのメンバーは，学校で習った知識や保健の授業で学んだ内容を養護教諭の管理下で実践している。実際に教科書の内容だけでも，以下の項目については実践が可能である（図７－７）。

１）救護所の設置準備，片付け

２）救護所の運営

３）熱中症対策，スポーツドリンク作成

４）アイスパック作り

５）応急処置の補助と指導

６）保健ボード等を活用した啓発活動

このような活動を行っていると，処置を目の当たりにして，なぜケガをしたのかな，と疑問を持ち，どこにリスクが潜んでいるのかを自然と考えるようになる。そのため，危険なところを察知し，率先して事前にそのリスクを取り除くようになっていくようである。また，保健委員の

①救護所の運営

②WBGT の設置・確認

③キズの処置

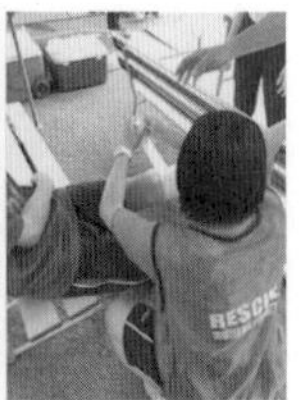

④アイスパックの固定

⑤アイスパックの作成

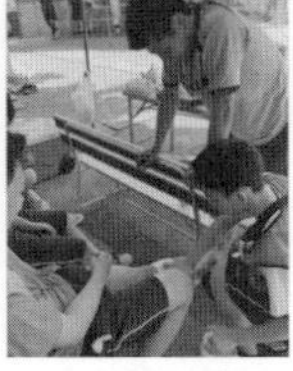

⑥応急処置の補助

⑦安全に活動が行えているかの確認(見守り)

⑧いつでも対応できるように準備している様子

図７－７　RESCUE TEAM（保健委員会）の活動

ような，同級生や先輩後輩がこのような活動をしていて，他の生徒も興味を持ち出してくる。そして，保健委員の活動に興味を持った多くの生徒が，安全活動に対して積極的に関わるようになるそうである。このように，保健委員の指導だけをしているように見えるが，保健委員の活動を通して全校生徒や教職員に対しても安全教育を行っていることになっている。

（６）　コミュニケーションツールの活用

スポーツ活動中には多くのケガが発生する。しかし，ケガがすべて指導者に報告されることは少なく，生徒はケガからの復帰（競技復帰）に関する適切なアドバイスも受けられていないことが考えられる。また，生徒は自身のケガがどのような状態なのかを把握しておらず，自分の気持ちを優先して活動を継続してしまう場合がある。また，医療機関にか

SCHOOL HEALTH SCALE®（ケガ用）
子供のための共通のものさしを使った学校健康管理

基本情報			
学年	クラス	番号	
1	4	6	
名前	○○　○○		
部活動	バスケットボール		
復帰したい日	1か月後の新人戦		

ケガ情報	
いつ	10　月　21　日　17　時頃　体育・(部活)・その他（　　）
どこで	学校の体育館　何をしてる時　バスケットボール
どうなった	バスケットボールのゴールした1対1をいている時、私がシュートを打った時に相手と接触し、転倒。着地の時に左足首を内側に捻った。捻った時にバキッと音がした。
応急処置	アイシング２０分2回
診断名（負傷名）	右足関節内販捻挫　（前距腓靭帯　踵腓靭帯）　試合復帰までの目安　30　日

レベル	1	2	3	4	5	6	+a
活動の目安	絶対安静	←日常生活に戻す→	ADL(日常生活→運動へ)	←スポーツの動きに戻す→		RTP（試合復帰）	←レベルアップトレーニング→
	痛みや炎症があり全く動かすことができない状態	補助や装具などをつけて日常生活をする状態	日常生活に支障はないが運動の負荷がかけられない	低い負荷の動作や競技の基本練習などに少しずつ復帰（部分練習参加）	高い負荷の動作や競技の対人練習・応用練習などに少しずつ復帰（全部練習参加）	ケガをする前のレベルに心身共に回復した状態	ケガの前よりもレベルアップした状態

	1			2			3			4			5			6			+a		
自分の感覚（日付を記入）	10/1						10/7		10/12			10/16			10/23				10/24		
医療機関評価　総合評価（日付を記入）	10/2				10/7																
組織の状態（○△×）	×				○				○			○			○				○		
関節可動域（○△×）	×				△				○			○			○				○		
筋力（○△×）	×				×				△			△			○				○		
その他　スポーツ動作	×				×				×			△			△				○		
その他																					

MEMO
受診前に自分で記入
診察で先生に聞いて記入
レベルごとに聞いてくる内容
①やってはいけないこと
②自分でできるリハビリメニュー
できれば写真を撮らせてもらいましょう

schoolhealthscale@gmail.com

図7－8　SCHOOL HEALTH SCALE®

かった場合は，養護教諭への書類の提出などが必要となるが，生徒が医療機関でアドバイスをもらってきても，正確に理解することは難しく，自身の状態を伝えることができずにいる状況があった。このことをＩ高等学校の養護教諭はもどかしく感じていたため，生徒と医療機関や保護者，部活動顧問などの教職員，そして養護教諭の共通理解のためのコミュニケーションツールを自身で開発してしまったのである〔図7－8〕。

このコミュニケーションツールはSCHOOL HEALTH SCALE®（以下SHS）と名付けられ，その目的は，下記のように記されている。

「このシートは，ケガの現在の状態について専門家の見解が1～6のレベルで示されることにより，子どもや知識がない人にも理解が容易になることを目的としています。このシートを活用することで保護者や学校（養護教諭や部活動顧問），医師，理学療法士，治療家，トレーナーなどの円滑なコミュニケーションが促進され，無理な復帰や無理な運動，治療・リハビリの途中離脱等を減らし，再発予防・けが予防につなげることをねらいとしています。」

SHSでは，絶対安静から試合復帰までの過程を１～６の６段階に設定しており，受診したときの状態をまず医師に数字で教えてもらう。次に，各段階における実施可能な活動内容や活動目安を生徒が医師に質問し，医師に教えてもらった活動内容を段階ごとに記入できるようになっている。SHSでは，生徒が自身のケガの状態について理解を深めるとともに，状態に応じた目標設定が明確になる。さらに共通のものさし（１～６段階）を利用していることから現時点での状態を他の者とも共有することができる。このツールを通して生徒自身が積極的に競技復帰の「６」を目指して段階的に考えられるようになるだけでなく，安全に競技復帰ができるように適切なアドバイスを受けることが可能となる。そのため，このツールでは，生徒の自己管理能力の育成と適切で安全な競技復帰が叶うのである。

3. I高等学校の実施例から学ぶこと

学校安全は，安全管理と安全教育の取り組みで構築されており，この２つが両輪となって学校安全は推進されている。学校内の施設や設備を点検し，整備すること等を含む安全管理は，事故を未然に防ぐためにも確実に実施しなければならない。しかし，教職員だけが安全管理を徹底すれば事故は防げる訳ではなく，生徒自身でもリスクを察知し，自身で身を守り，率先して安全な環境をつくっていくための安全教育も重要になってくる。I高等学校における学校安全は，養護教諭の働きによって，全教職員を巻き込んで安全管理を行っている。そして，保健委員会の活動では，委員の生徒がリスクに留意することを学び，他の生徒に向けて学んだことを積極的に発信している。また，SHS を通して生徒を中心とした学校安全に関するコミュニケーションを図っている。つまり，I高等学校の養護教諭は，保健委員会の活動や SHS の活用を通して，学校全体の安全教育を推進していた。今回紹介したI高等学校の養護教諭が取り組んでいる内容は，ほんの一部分でしかないが，その中にも学校安全の構築に関する工夫のヒントが沢山含まれている。また，I高等学校の養護教諭は，安全と安心という側面から学校全体を見ている唯一の存在であることを強く意識しており，学内の学校安全面では生徒や保護者，教職員の声を聞きながら，最前線で「みんながうまくいくように」リードしていける人であること，をモットーに掲げている。これまで，学校安全における養護教諭の働きは，当たり前のように扱われており，特に注目されてこなかったように感じている。しかし，今回紹介した実施例などを通して，養護教諭の活躍が学校安全にとって必要不可欠であることを強く示せたのではないだろうか。今後も養護教諭を中心に学校安全を構築していくことで，より安全で安心な環境が作り上げられることを期待する。

学習課題

1．自身の経験から，スポーツ活動中や日常生活でのヒヤリ・ハット事例を挙げ，未然にリスクを取り除き，事故を防ぐための工夫を考えてみよう。
2．全ての教職員や生徒に興味を持ってもらうための安全教育の方法やその課題について考えてみよう。

【謝辞】

本章の執筆にあたり，活動内容を紹介してくださったI高等学校の養護教諭と，掲載の許可をくださった学校長に感謝の意を表します。

引用・参考文献

・金澤良，三森寧子，齋藤千景（2020）『みんなでつくる学校のスポーツ安全』少年写真新聞社
・渡邉正樹（2020）『学校安全と危機管理　三訂版』大修館書店

8　子どもの問題行動といじめ

都島梨紗

《目標＆ポイント》　いじめや不登校・非行など子どもの問題行動はさまざまあります。では，どの問題行動が最も「問題」でしょうか？また，何が「問題」なのでしょうか。本章では，公式統計を用いて子どもの問題行動の実態を理解します。さらに，いじめを事例に，社会学的に「問題」を読み解く視点を学習します。
《キーワード》　子どもの問題行動，認知と暗数，いじめのメカニズム，価値規範

1．問題行動

（1）　どの問題行動が一番深刻か？

みなさんは，学校で起こる問題行動として何が思い浮かぶだろうか。児童生徒によるいじめや不登校・非行が思い浮かぶだろうか。あるいは，教師による体罰やわいせつ行為といった逸脱行動が思い浮かぶかもしれない。8章から9章は，児童生徒が引き起こす問題行動に焦点を当て，一体何が「問題」なのかを社会学的に考えていく。

〔表8－1〕は，暴力行為・いじめ・不登校・自殺の平成30年中の認知・発生件数に関するものである。実際に確認された件数または問題行動を起こした児童生徒数の実数と，在籍児童生徒数に対して占める割合を示している。割合は100人当たり何人いるか，という数値として理解することもできる。たとえば小学生のいじめであれば，100人当たり7～8人が経験ありと考えられる。

表8－1　問題行動の件数と在籍者数に占める割合

問題行動名	暴力行為(学校管理下)		いじめ		不登校[1]		自殺[2]	
区分	加害児童生徒数	在籍者数に占める割合	認知件数	在籍者数に占める割合	不登校者数	在籍者数に占める割合	自殺者数	在籍者数に占める割合
小学生	34,518	0.54%	484,545	7.58%	53,350	0.83%	4	0.00%
中学生	27,908	0.86%	106,524	3.28%	127,922	3.94%	91	0.00%
高校生	7,743	0.24%	18,352	0.58%	50,100	1.58%	222	0.01%
総数	70,169	0.55%	609,421	4.75%	231,372	1.80%	317	0.00%

1）：長期欠席者のうち，その事由を不登校とする者の数値を使用。
2）：学校から報告のあったものの数値を使用。
（出所）文部科学省，児童生徒の問題行動・不登校等生徒指導上の諸課題に関する調査より筆者作成

〔表8－1〕を見て，みなさんは果たしてどの問題行動が一番深刻だと考えるだろうか。総数の欄を見ると在籍者数に占める割合は，いじめがもっとも高く，自殺がもっとも少ない。そのためいじめがもっとも深刻だと捉える人もいるだろう。一方で，件数が少なくとも死に至るまで児童生徒が思い詰めることは深刻であると考え，自殺がもっとも深刻だと捉える人もいるはずだ。

このように考えてみると，表で示す数値に対する解釈においても，人の見方や立場によって意見が異なり，「問題」を捉える視点が異なることに気づく。社会学では数値一つに対しても，一歩立ち止まり数値の背景に控える解釈の過程に思いを張り巡らせる。本章では問題行動の定義に迫り，さらにいじめに焦点を移す。そして，数値の背景に目を向けながら，いじめの何が「問題」なのかを考えていきたい。

(2)　定義への着目

上記に提示した〔表8－1〕では，暴力行為・いじめ・不登校・自殺のデータを示したが，具体的にはどのような行為が含まれているのだろ

うか。たとえばいじめは，クラスのほとんどの集団から無視をされるものもあれば，小さなグループで仲間外れにされる場合もあるだろう。公式統計では一体，どの程度の内容が含まれるだろうか。以下の〔表8-2〕は，前頁で示した問題行動の定義を一覧にしたものである。問題行動の統計は，下記の定義に従って学校の教職員によって把握され，集計されたものだ。

たとえば不登校は，もともとは「長期欠席者」というカテゴリーに属している。長期欠席者の中には，病気による入院や経済的理由などが該

表8-2　問題行動各種の定義

問題行動名	定　義
暴力行為（学校管理下）	自校の児童生徒が，故意に有形力（目に見える物理的な力）を加える行為
いじめ	個々の行為が「いじめ」に当たるか否かの判断は，表面的・形式的に行うことなく，いじめられた児童生徒の立場に立って行うものとする。 「いじめ」とは，「児童生徒に対して，当該児童生徒が在籍する学校に在籍している等当該児童生徒と一定の人的関係のある他の児童生徒が行う心理的又は物理的な影響を与える行為（インターネットを通じて行われるものを含む。）であって，当該行為の対象となった児童生徒が心身の苦痛を感じているもの。」とする。 なお，起こった場所は学校の内外を問わない。
不登校（長期欠席者）	年度間に連続又は断続して30日以上欠席した生徒数。うち，「不登校」とは，何らかの心理的，情緒的，身体的，あるいは社会的要因・背景により，児童生徒が登校しないあるいはしたくともできない状況にある者（ただし，「病気」や「経済的理由」による者を除く。）をいう。
自　殺	学校が把握し，計上したもの。

（出所）文部科学省，児童生徒の問題行動・不登校等生徒指導上の諸課題に関する調査（2019）より筆者作成

当する。そのうち，「不登校」として数え上げるのは30日以上欠席しており，「心理的，情緒的，身体的，あるいは社会的要因・背景」により登校しない・できない状況を指す。

また，「いじめ」の定義に目を向けてみると，「いじめ」についての判断は，「いじめられた児童生徒の立場に立って行う」という点が特徴的である。定義に，はっきりと児童生徒のいじめの捉え方に寄り添う旨が示されているのだ。このように一口に問題行動といっても，各行動の特徴に応じて定義が異なっており，把握方法も異なっていることがわかる。

（3） 問題行動の実態を把握することは可能か？

いじめについてもう少し詳しく見ていこう。〔図8－1〕は令和元年度に小・中・高においていじめとして計上された事例がそれぞれどういった行為だったのかを示している。グラフを見てみると，最も軽微ないじめに見える「冷やかしやからかい，悪口や脅し文句，嫌なことを言われる」がほぼ50％を占めていることがわかる。またこの項目は他のものと比べると，言葉によるいじめ行動を反映していると言えるだろう。

ところで，〔図8－1〕のグラフはどれほど正確にいじめの実態を反映しているのだろうか。たとえば，「軽くぶつかられる」と「ひどくぶつかられる」のちがいは何だろうか。体格差のある子ども同士がぶつかった場合，ぶつかった意識などなく，体の一部が軽く当たってしまったとしても，体の小さな子どもの側は怪我となる場合がある。その場合，「軽く／ひどく」のうちどちらに処理したらよいだろうか。

いじめは，子ども同士の関係性のなかから生まれるものである。そのため，いじめにかかわる人々の捉え方次第で，いじめが軽く定義されたり，重く定義されたりすることがあり得る。前記の例で言えば，体格の大きな子どもの認識に合わせれば軽いいじめになるかもしれない一方で，

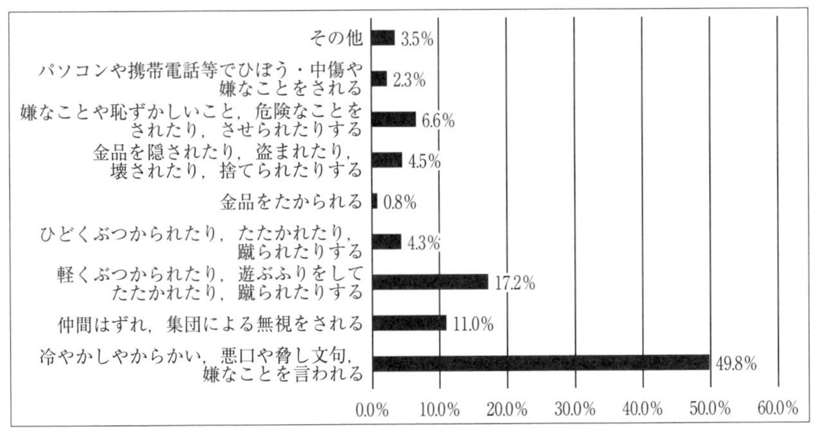

図8－1　いじめの態様（令和元年度）

（出所）　文部科学省，児童生徒の問題行動・不登校等生徒指導上の諸課題に関する調査（2019）より筆者作成

体格の小さな子どもの認識に合わせれば重いいじめになる可能性がある。このように，発見する人の捉え方で数え上げる統計数値を社会学では「認知件数」と呼ぶ。なお，「いじめ」をはじめとする問題行動の場合は誰が認知するのかというと，学校側，つまり教職員を指す。したがって，子ども同士で言い分が食い違ったとき，どのような処理をするのかは，教職員にゆだねられている。

2. いじめの定義の変遷と暗数

（1）　いじめの定義の変遷

現在のいじめの定義は「いじめられた児童生徒の立場に立って」行われることが前提となっている。実はこうした前提は，昔からあったわけではなく，過去に何度か起きた深刻ないじめ事例を経て，改訂されてきた。

いじめの定義は，これまで2回変更されてきた。最初の定義は，昭和61年で，「①自分より弱い者に対して一方的に，②身体的・心理的な攻撃を継続的に加え，③相手が深刻な苦痛を感じているものであって，学校としてその事実（関係児童生徒，いじめの内容等）を確認しているもの。なお，起こった場所は学校の内外を問わないもの」としている。この定義の要点は，「深刻で，学校側がいじめと判断した場合のみ，いじめとしてカウントする」という点だ。

次に，平成6年度からの定義を示したい。「①自分より弱い者に対して一方的に，②身体的・心理的な攻撃を継続的に加え，③相手が深刻な苦痛を感じているもの。なお，起こった場所は学校の内外を問わない。」としている。加えて，「個々の行為がいじめに当たるか否かの判断を表面的・形式的に行うことなく，いじめられた児童生徒の立場に立って行うこと」となっている。昭和61年度からの変更点として，「学校としてその事実（関係児童生徒，いじめの内容等）を確認しているもの」を削除しており，「いじめられた児童生徒の立場に立って行うこと」という方針になった点が変更の要点である。この定義のポイントは，身体的・心理的に継続している攻撃をいじめとし，いじめられた児童生徒の立場に立って判断する，ということである。

最後に，平成18年度からの定義だが，〔表8－2〕で提示した内容と同様で「児童生徒に対して，当該児童生徒が在籍する学校に在籍している等当該児童生徒と一定の人的関係のある他の児童生徒が行う心理的又は物理的な影響を与える行為（インターネットを通じて行われるものを含む。）であって，当該行為の対象となった児童生徒が心身の苦痛を感じているもの。」としている。一方的・継続的・深刻という判断基準はなくし，本人が苦痛だと感じたらいじめと判断するようになった。

このように見てみると，変更を重ねるたびに，よりいじめの定義が広がっていることがわかるだろうか。つまり，昭和61年度の定義ではいじめとしてカウントされなかった事例が，平成18年度の定義ではいじめとしてカウントされ得るだろうということである。

（２） いじめの定義と暗数

〔図８-２〕は，いじめの定義によりカウントされる件数と数値に上がってこない暗数の関係を示したものである。

〔図８-２〕で言えば，左側が昭和61年度，右側が平成18年度の様子であると考えられる。しかし，いじめられている側が申告しない限り，いじめとはみなされにくい場合もたくさんあるだろう。そもそも，いじめられている側が，いじめられている，という自覚すら持たない場合も多いはずである。

たとえ教師がいくら注意を払ったとしても，発見できないいじめはたくさんあると考えられる。また，SNS上でのいじめのように，教師の目の届かないところで行われるものもあるだろう。このように，取り締

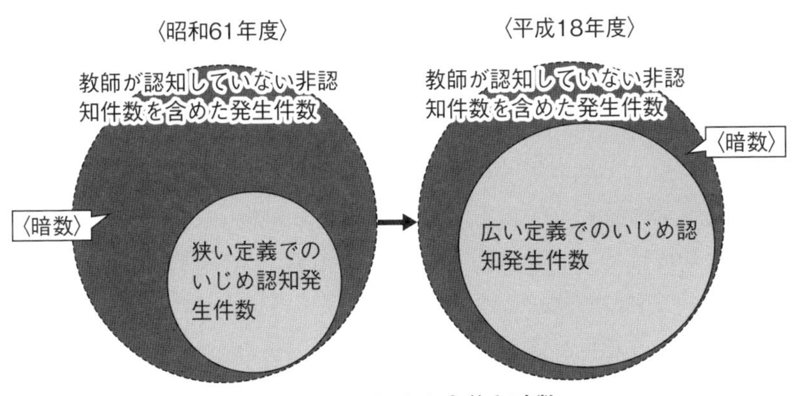

図８-２　いじめの定義と暗数

（出所）　滝（2011）の図をもとに筆者作成

まる側（≒教師）が事例として認知しない・できないために，統計上には上がってこない件数のことを暗数と呼んでいる。

右図では左図に比べて，認知件数が広がっており，暗数が少ない状況だと言える。ただし，図を踏まえればわかるとおり，広く定義を定めたとしても，教師が見つけられなければいじめは認知されない。たとえ教師がいくら児童生徒の様子に目を配ったとしても，いじめられている本人が否定すれば，いじめとしてカウントするのは難しいだろう。暗数がゼロになることは原理的にないということである。

いじめに限らずいずれの問題行動においても，常に暗数が潜んでいることを想定しておく必要がある。数字を鵜呑みにするのではなく，あくまで目安としながら，問題行動への理解を進める必要がある。

3. いじめのメカニズムを捉える

（1） いじめられるほうが悪いのか？

これまで公式統計を中心にいじめについて検討してきた。ここからは，いじめのメカニズムを考えたうえで，いじめの予防策について検討していきたい。そのため，いじめが起こる児童生徒同士の関係性に目を向けていく。

いじめについては，学校の授業の題材として取り上げられることもある。そのため，児童生徒にとってもよくないこととして当然理解されているはずである。そうであるにも関わらず，なぜいじめはなくならないのだろうか。そこで，まずいじめ加害側の言い分に注目してみたい。いじめについて論じる際によく目にするのが「いじめられる側にも落ち度はある」という意見である。久保田（2003）は，いじめ加害側の「いじめた理由」を小学校高学年を対象に調査している。そこでは，「いじめた理由」として最も多く回答されたものは「相手に悪いところがあるから」であった。では一体，どのような特性を持つ児童生徒がいじめ被害に遭いやすいのだろうか。

〔図8-3〕は荻上（2018）による調査から引用したグラフで，学校時代にいじめ被害を受けたことのある人の属性を示している。最もいじめ被害経験率が低いのは，34.57%を占める「マイノリティ属性なし」である。一方で，吃音やトランスジェンダーなど，何らかのマイノリティ属性を抱えている人は高い割合でいじめ被害経験を持っていることがわかる。

このうち性的マイノリティ属性に着目して考えてみると，日高（2018）の調査では，全体として58.2%と半数以上のLGBTsがいじめ被害を経験していた。その中でもMTF（Male To Female：男性から女性へと性別を変更したトランスジェンダー）の，いじめ被害経験率が最も高くなっている。また，ゲイ男性もレズビアン女性に比べて高い割合を占めている。高い割合でいじめ被害経験を有するセクシュアルマイノリティであるが，その中で比較すると相対的に男性の性的マイノリ

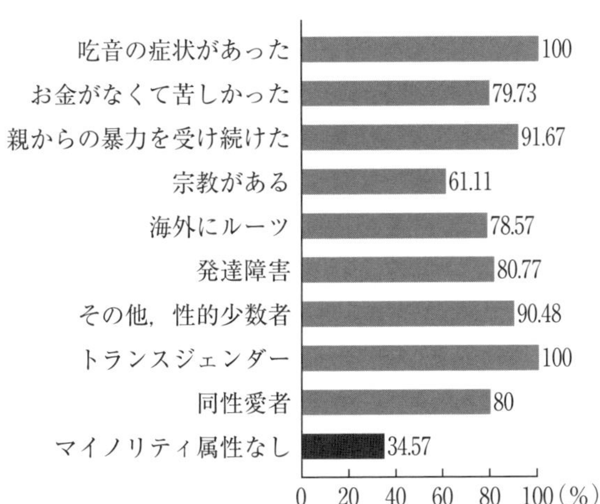

図8-3　属性ごとに見たいじめの被害経験率

（出所）　荻上（2018）p.171より引用

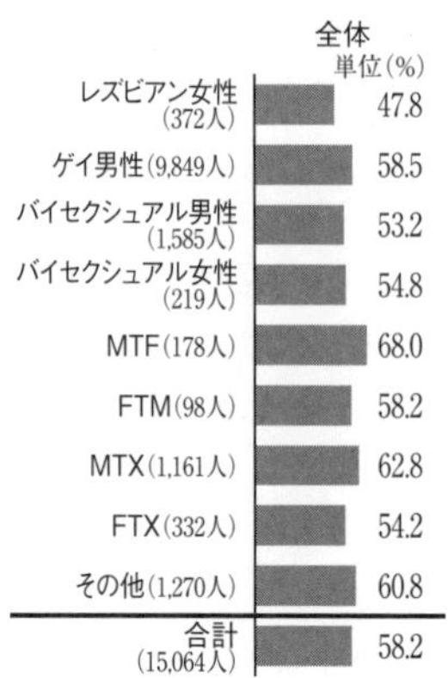

図 8－4　LGBTs のいじめ被害経験率
（出所）　日高（2018）p.4より引用

ティを経験している人々のいじめ経験率が高いことがわかる。また，いじめの内容として同調査では，「ホモ，おかま，おとこおんななどの言葉のいじめ」と「服を脱がされるなどのいじめ」が挙げられている（日高 2018 p.4)。なお，このように性別を用いたいじめやからかいはアメリカでも見られる。Pascoe（2005）は，アメリカの男子高校生のコミュニケーション方法を観察した。その結果，男子生徒同士が「Fag（オカマやオネエといった意味)」という言葉を使ってお互いをからかい合っていた。Pascoe によれば，お互いに「Fag」という言葉を用いてからかい合うことで，異性愛者であることが正常で，同性愛者は異常であるという価値観を男子生徒同士で共有している。

こうした事例を踏まえると，「いじめられる側の落ち度」とは，いじめる側（マジョリティ側）の価値によって判断されている可能性が浮かび上がってくる。つまり，「女みたいで気持ち悪い」という言葉の裏には，「男らしく振舞わなければならない」，「男性は女性を好きになることが普通だ」という価値観が忍び込んでおり，子どもたちはその価値観を内面化しているからこそいじめに結びついてしまうということである。なお，偏った男性性規範は toxic masculinity（有害な男らしさ）と呼ぶ。「男性優位の意識」や「男は強くタフでなければならない」といった考え方の問題性について，社会科学を中心に指摘されている。

〔図８-３〕に挙げられているそのほかのマイノリティ属性に目を向けてみると，吃音や発達障害，海外にルーツといった特性が入っている。これらの特性により，子ども同士でのコミュニケーションをスムーズに行うことが難しい場合が考えられるだろう。近年学校教育では，アクティブ・ラーニングという授業形式が重視されてきている。そして，子ども同士でコミュニケーションを図りながら学びを深めていく授業形式が積極的に導入されている。つまり，学校教育ではますますコミュニケーションをスムーズに行うことが重視されてきている状況なのである。しかしその一方で，子ども同士の間でコミュニケーションが苦手な子どもをからかったり排除したりする場合も考えられることは念頭に置いておく必要がある。

（２） いじめのメカニズム

いじめのメカニズムについて，さらに子ども同士の関係性に注目して思考を深めたい。森田（2010）は〔図８-５〕のように４つのアクターが関与することでいじめが成立すると述べている。いじめ集団の四層構造モデルである。この図で注目すべきは，いじめは被害者――加害者だけで成立する性質のものではないという点である。いじめは観衆や傍観者などがいて，はじめて成立するものである。ただし，この集団の規模が学級全体に及ぶものなのか，それとも小さな集団内でのものなのかは，ケースバイケースである。また，この図は全員が「いじめ」と認識している場合の図のようにも読み取れる。

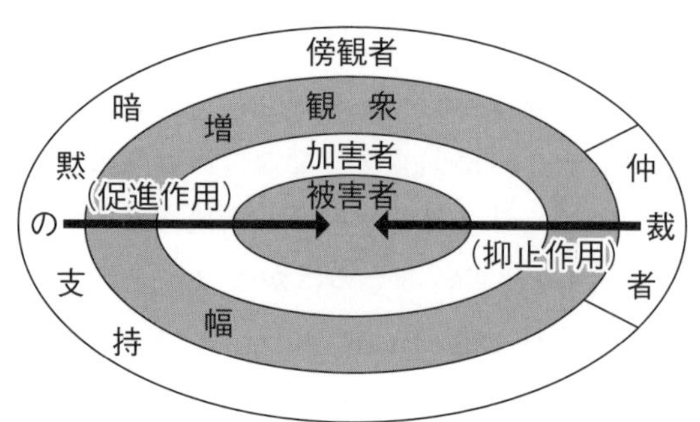

図8－5　いじめ集団の四層構造モデル
（出所）　森田（2010）p132

ではいじめとして認識していない場合はどうだろうか。仮に加害者は被害者に対する加害行為を「いじられキャラとして立ててあげている」と考えているとしよう。それを見ている傍観者や観衆は「二人のやり取りが面白い」，「本人も周りから承認されて楽しそうにしているに違いない」と思うかもしれない。また，そうした雰囲気を壊さないために被害者は加害行為に対し嫌だと言い出しにくくなるかもしれない。現に山口（2013）では，暴力被害に遭いつつも，人間関係を維持するために弱音を言い出さない男子生徒の様子が取り上げられている。

いじめ集団の四層構造論は，いじめのメカニズムを理解する有効な補助線であることに違いない。一方でいじめに関与する当事者の児童生徒は，たとえ被害者であっても自身の置かれている状況をいじめと認識しない場合も想定され得ることは気に留めておく必要があるだろう。ましてや加害側は，自身がいじめに加担している加害者あるいは，観衆・傍観者であるという意識はほとんどないかもしれない。

（3）　強迫される友達関係

では，なぜいじめられている児童生徒は，苦しい思いをしてまでいじ

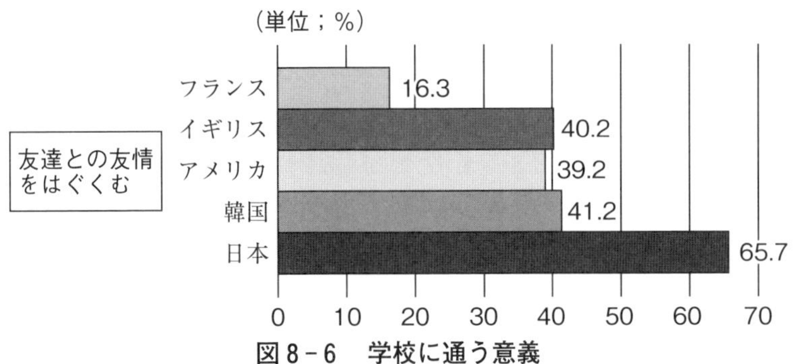

図8－6　学校に通う意義

（出所）内閣府（2008），第8回世界青年意識調査

めに耐えなければならないのだろうか。読者のみなさんが大人の側であれば，辛い思いを一人で抱えず教師や保護者など，周りの大人にすぐ相談してほしいと考えるのではないだろうか。

そこで，〔図8－6〕のグラフに目を向けてほしい。少し古いが，2009年（平成21年）に日本，韓国，アメリカ，イギリス，フランスの5か国を対象に行われた調査である。「あなたにとって，学校に通うことは，どのような意義がありますか」という質問に対し，いくつかの選択肢から当てはまるものを選択する設問である。

（4）友人関係がいじめに結びつく可能性

グラフを見ると，日本の場合「友達との友情をはぐくむ」という項目での回答が65％を占めており，他国に対し群を抜いて多いことがわかる。なお，ほかの選択肢として「先生の人柄や生き方から学ぶ」や「学歴や資格を得る」といったものもあるが，日本においては「友達との友情をはぐくむ」という項目が最も回答を集めている。

みなさんの中にも，学校には単に勉強のために通っていたのではなく，友達に会い，話したり遊んだりするために通っていた人がいたのではないだろうか。そして，教師や保護者など周りの大人から「学校の友達と仲良くしなさい」，「学校では友達と楽しい時間を過ごしなさい」と言われてきた人は少なくないはずである。

土井は，現代社会に生きる若者の人間関係を「優しい関係」と呼んでいる。自分も相手も傷つけないように，積極的に関わることを避けるという関係性である。そのため，「薄氷を踏むような繊細さで相手の反応を察知しながら，自分の出方を決めていかなければならない緊張感がたえず漂っている」（土井 2007 p.9）。こうした関係性の間では，いじめが起きたとしても外からはわかりにくいようになっている。「友情」を失わないように，気を遣って合わせているからである。それは，加害者や傍観者だけでなく，被害者も同様である。

4. いじめを減らすにはどうすればよいか

（1） 提案１：価値観の捉えなおし，多様な価値観を受け入れる

本章では最後に，いじめを減らすために２つの提案をしておきたい。１つは，「価値観を捉えなおし，多様な価値観を受け入れること」である。すでに見てきたように，子どもたちは友達との友情を重視し，それを壊すことを恐れている場合がある。しかし，そもそもなぜそうなるかと言えば，「学校では友情をはぐくむこと」が当たり前になっているからである。学校の休み時間に児童生徒が一人でぼんやりしていたら，周囲の大人たちはかわいそうに思ったり，何か問題があるのではないかと思ったりするのではないだろうか。もちろん，友達と遊びたくても遊べないといった悩みを抱えている場合もあるかもしれない。その場合は，児童生徒の悩みに積極的に寄り添い，友達と遊べるよう解決策を考えていく必要があるだろう。だが，「友達は多い方がいい」，「学校ではいつも友達と一緒にいたほうがいい」といった価値観については一歩立ち止

まって見直してみる必要がある。

学校での休み時間の過ごし方は，必ずしも友達と一緒に過ごすことだけに縛られなくていいはずである。読書やお絵かきを楽しむことや，自身の将来について一人でじっくり考えるなどの時間も重要なはずだ。

友達関係を重視する価値観を見直すことは，多様な価値観を受け入れる第一歩でもある。多様な価値観を受け入れることで，マイノリティ属性の人々を排除しない学校や社会の雰囲気を作っていくということができるだろう。たとえば「コミュニケーションをスムーズに行える方がいい」といった価値観を共有したとき，排除される属性の人がいないかどうかに注意を向ける必要がある。本章の３.（１）では「男らしさ」を過度に支持することで,「有害な男らしさ」に変化してしまう点を取り上げたが,「友情」や「コミュニケーション重視」といった価値観についても過度に重視することで有害性を帯びる可能性があることに注意を払う必要があると言える。もちろん本章でみてきた,「友情をはぐくむ」や「コミュニケーションを重視する」という価値それ自体は有害ではない。偏った形で重視することや，その結果誰かを排除してしまうことが問題なのだ。

本章を通してみてきた「友情」をはじめとする人々が支持する価値規範は，決して子どもだけが取り入れている性質のものではない。むしろそれらは，大人が「当たり前」だと思い込み，無自覚のうちに子どもたちに伝達しているものでもある。社会の中で共有されている「当たり前」の価値観とその有害性に目を向ける必要があるだろう。学校でのいじめを本気で減らしたいのであれば，ある価値によって排除される属性の人々がいる場合は，その価値観の変更を積極的に求めていく姿勢が必要になる。

（2） 提案2：対話の機会を生み出す修復的司法のアプローチ

提案1はいじめの土壌となる価値観に注目した。ここではすでにいじめ関係が成立していた場合に取り得るアプローチの例として「修復的司法」を紹介したい。修復的司法を提示したZehrは，従来の応報的司法と比較し，修復的司法の特徴を述べている。Zehrによれば，応報的司法は国家を被害者とし，規則違反を犯罪と定め，犯罪者を処罰する性質を持つ。また，直接被害を受けた者と加害者の関係を重要視しない。学校でのいじめに置き換えれば，学校や管理職を被害者とし，実際にいじめ被害に遭った児童生徒や教師といじめ加害者の関係性を重視しない。そして，いじめ加害者に対し出席停止などの措置を講じると考えることができる。こうした在り方は，ゼロ・トレランス方式（9章3節を参照）に基づく対応に準じると言えるだろう。

一方で，修復的司法はいじめを規則違反としてではなく，「人々やその関係に対する侵害」(Zehr p.184）と捉える。そして，いじめ被害者やコミュニティに対する回復や和解を進めていくことを重視する立場である。修復的司法には3つの段階がある。以下にその段階を示す〔表8－3〕。Zehrの提示する「修復的司法」は，いじめ被害者のニーズを満たすことはもちろん，いじめ加害者側のニーズにも着目しながら問題解決を図っていくという点が含まれている。

表8－3　修復的司法の3つの段階

第一段階	被害者のニーズを満たす
第二段階	被害者—加害者間の関係に取り組む (双方のニーズなどの情報交換)
第三段階	問題解決に重点を置く (現在のニーズだけでなく，将来の目的に取り組む)

（出所） Zehr 訳書（2003)，p.205を踏まえて筆者作成

Zehrの提示した「修復的司法」の考え方をもとにWinslade and Williams（訳書2016）は「修復会議」という学校内での実践を提案している。修復会議では，加害生徒や被害生徒を中心として，問題の関係者が集まりトラブルを振り返る。そこでは，今後二度と同様のトラブルが起きないために加害生徒を中心に参加者すべてがとるべき行動について話し合われる。ただし，加害生徒が停学や退学によりコミュニティの参加を遠ざけるような結末は積極的に望まない。それゆえ，加害生徒が被害生徒と同じコミュニティに居続けることになる。したがって，被害生徒が加害生徒も再び学校に参加することを望む必要があり，加害生徒はコミュニティに参加し続けるための努力をする必要がある。

コミュニティから排除しないという対応をとる修復的司法は，一見すると加害生徒に対して優しい対応のように思われるかもしれない。だが，Winslade and Williamsは「修復的実践はコミュニティのメンバーとなる条件として生徒一人ひとりに責任を要求するのであって，その点ではいわゆる『ゼロ・トレランス』的な対応以上に厳しいものである」（p.106）と述べている。加害生徒にはやり直しのチャンスが与えられる点では確かに寛容ではあるものの，どの程度のやり直しが求められるのかという点や，チャンスに失敗した際の救済措置が取られるのかどうかについてはコミュニティの判断に依拠する。そのため厳しい責任が要求される場合もあるだろう。だが，修復的司法は，コミュニティ全員が問題解決に向けて対話を行うことで，事例ごとに最適な解決策を目指すことのできる方法であると言える。対応がパターナリスティックに決定される応報的司法に比べ，当事者のニーズにより添った解決に向かう可能性に開かれていると言える。

学習課題

1.〔図8-3〕に提示した，「属性ごとに見たいじめの被害経験率」のグラフを見て，気になる属性を選んでみよう。また，その属性のいじめ被害が発生する背景要因とその解決策について考えてみよう。

引用・参考文献

・知念渉（2017）「『いじめ』問題がつくる視角と死角」片山悠樹・内田良・古田和久・牧野智和編『半径5メートルからの教育社会学』大月書店
・土井隆義（2008）『友だち地獄――「空気を読む」世代のサバイバル』ちくま新書
・日高庸晴（2018）「LGBTsのいじめ被害・不登校・自傷行為の経験率――全国インターネット調査の結果から」『現代性教育研究ジャーナル』No.89，pp.1-7.
・Hirschi, T（1969）Causes of Delinquency（＝1995，森田洋司・清水新二訳『非行の原因　家庭・学校・社会のつながりを求めて』有信堂）
・Merton, R. K（1957）Social Theory and Social Structure,（＝1969，森東吾・森好夫・金澤実訳『社会理論と機能分析』青木書店）
・文部科学省（2019）『平成30年度 児童生徒の問題行動・不登校等生徒指導上の諸課題に関する調査結果について』
・森田洋司（2010）『いじめとは何か――教室の問題，社会の問題』中公新書
・内閣府（2008）「第8回世界青年意識調査」
・荻上チキ（2018）『いじめを生む教室――子どもを守るために知っておきたいデータと知識』PHP新書
・Pascoe. C. J（2005）'Dude, You're a Fag': Adolescent Masculinity and Fag Discourse, "Sexualities" Vol.8(3)，pp.329-346.
・滝充（2011）「いじめの調査結果について」『教育委員会月報』No.745，pp.7-10.

・山口季音（2013）「『被害者』による暴力の肯定的な受容に関する考察――異年齢の生徒集団における『通過儀礼』としての暴力――」『教育社会学研究』第92集，pp.241-261.
・Winslade. J., and Williams. M.（2011）Safe and Peaceful Schools: Addressing Conflict and Eliminating Violence（＝綾城初穂訳（2016）『いじめ・暴力に向き合う学校づくり――対立を修復し，学びに変えるナラティブ・アプローチ――』新曜社）
・Zehr. H.（2002）Little Book of Restorative Justice: A Bestselling Book by One of the Founders of The Movement（＝西村春夫訳（2003）『修復的司法とは何か――応報から関係修復へ』新泉社）

9　不登校・非行の原因と支援の2つの立場

都島梨紗

《目標＆ポイント》 不登校・非行は問題行動の一部です。本章では，問題行動の原因を本人のせいでもなく，家庭や学校のせいでもないとする視点を提示します。また，不登校・非行問題への支援策について2つの立場から検討します。

《キーワード》 問題行動の原因，ゼロ・トレランス，良き人生モデル

1.「困った子」は「困っている子」？

授業時間　いつもひやひや　こまってた。

黒板にはたくさんの字，
どこを見ていいかわからなかった。
机の上に何を出すのかも
わからなかったよ。

「キョウカショ15ページ開けて」っていわれても，
「キョウカショ」が国語や算数の本だってことだって知らなかった。
だって表紙には「キョウカショ」って書いてなかったもん。

（出所）よつばもこ（2012）『学校コワイ』ASD ヴィレッジ出版

引用した文章は，よつばもこ作「学校コワイ」という絵本の一部分である。この絵本の主人公である“はるちゃん”は，授業時間以外に，給食の時間や掃除の時間も「こまって」,「もやもやして」過ごしている。“はるちゃん”はみんなから「笑われ」たり，「怒られ」たりするうちに，学校をコワイと思うようになり，行きたくなくなってしまう。

この絵本の作者は，LD（学習障害）とASD（自閉症スペクトラム）の診断を受けたお子さんの保護者である。絵本には作者のお子さんが感じていたことを記しているという。つまり，冒頭に引用した文章は，発達に特性を持つ児童生徒の側からみた学校の風景であるのだ。

“はるちゃん”のように，学校で「もやもやして」過ごしている児童生徒は一定数いる。たとえば，児童生徒の問題行動・不登校等生徒指導上の諸課題に関する調査結果では，不登校の要因について調査している。そのうち「学校のきまり等をめぐる問題」という項目があり，小中学校全体で3.2% が該当している。

一方で，少年非行の領域では作田（2018）が整理するように，日本では精神病概念が定着した明治期以降，障害や精神疾患と非行の関係性について注目されてきた。最近では，発達障害の診断を受ける非行少年が一定数いることが報告されている（藤川 2010)。では，学校で居心地の悪さを感じてしまう児童生徒の「問題」はどのように捉えるべきだろうか。次より，逸脱行動論を整理することで,「問題」を本人のせいでもなく，家庭や学校のせいでもないとする視点を提示していく。

2. 問題を捉える視角

（1） 個人に問題があるとする立場

不登校も非行も問題行動の質は異なるが，行動の背景を理解するためのロジックは類似する。そこで，逸脱行動論の３つの立場を参照することで問題を捉える視角を提示したい。まずここでは，個人に問題があるとする立場を挙げる。イタリアの精神科医・ロンブローゾは死刑囚や受刑者の骨格などを調べて，犯罪者になる人物の身体的・精神的特性を提示した。彼は「生来性犯罪者」と呼び，犯罪者は身体・精神の特性により生まれながらに犯罪者になることが決定しているという論を唱えた。問題行動を引き起こす人には生まれつきその素質が備わっているという論を提示したのである。したがって，ロンブローゾの立場を採用すると問題行動を引き起こす人の性質は一生変わらないということになる。そのため，更生・矯正教育プログラムは無意味である。

「人は生まれながらにして逸脱者になることが決定している」というロンブローゾの提案は後世の研究者によって現在では否定されているが，生物学的な観点で問題行動の原因を捉える「犯罪生物学」の創始者と呼ばれている。

今日では心理学や脳科学，医学研究の発展などにより，改めて犯罪生物学の立場が見直されてきている。たとえば，冒頭で示した発達障害と問題行動の関係もこの立場と同じ思考方法である。

ところで問題行動の原因，つまり「問題は個人の中にある」とする考え方は危うい側面も有しているという点に私たちは敏感であるべきだ。社会学ではさまざまな問題行動が障害や精神疾患と結び付けて解釈される現象を「医療化」と呼んでいる。たしかに医療化により，診断名がつき治療や支援の見通しが立てられるという側面がある。だが一方で，一度何らかの診断がついた児童生徒は完治するまで「病人」・「未熟な個人」・「異常者」としてのレッテルを引き受けなければならないのも事実だ。特に学校では，「みんなと違うこと」に視点を向けやすい特性がある（詳しくは8章3節を参照)。大人が意図しなくても，子ども同士で異質な点を取り上げて排除してしまうことも起こり得る。「医療化」により，診断を受けた児童生徒をかえって排除してしまう構造も生み出しやすい点には留意する必要がある。

（２）　環境に問題があるとする立場

保坂（2019）は，不登校（長期欠席）の多くを占めるタイプとして２つあると言う。１つは，「神経症的不登校」である。「神経症的不登校」とは，「従来からの狭義の『登校拒否』であり，登校しようとしても心理的な理由から登校できないという葛藤状況にある」（保坂 2019 p.86）ものだ。もう１つは「脱落型不登校」である。こちらは，「怠学（学力不振）も含んで広く学校文化からの脱落（ドロップアウト）という側面」や，「学校に行くための前提ともいうべき家庭環境が整っていない場合」（保坂 2019 p.87）を含む。「脱落型不登校」は児童虐待とも関わるような事例も含んでいる。前者の「神経症的不登校」は（１）で紹介した個人の性質に問題があるとする立場である。一方，後者の「脱落型不登校」で説明されるような「問題」の捉え方は，学校や家庭など，児童生徒の社会環境に着目している。ここで，学校に注目して逸脱行動論をみてみよう。

社会環境に注目した逸脱行動論には２つの立場がある。１つ目は，緊張理論や分化的接触理論という立場である。この立場は環境が問題行動を促しているという考え方である。まず，緊張理論の考え方を紹介したい。Merton は，過度な価値観への同調が個人に葛藤状態をもたらし，問題行動の原因になり得ると提唱している。一見すると良い価値観や多くの人が共有している「当たり前」の規範が，かえって個人にプレッシャーを与えてしまう場合があるということだ。Merton の指摘を踏まえるとたとえば，学校では毎日遅刻せずに登校することが同調すべき価値観である。遅刻を繰り返してしまう児童がおり，「なぜ一人だけ守れないのか」と周囲から非難されているとしよう。本人は，遅刻しないように心がけているが人より準備に時間がかかり，遅れてしまう。その結果，当該生徒が気まずい思いを抱え，不登校になる場合もあり得るだろう。緊張理論は文化的目標（ここでは遅刻しないこと）を達成する手段や解決策がないために問題行動を引き起こすという考え方だ。保坂が「脱落型不登校」で説明するよう，学校での価値観との間で葛藤状態を引き起こし，不登校になるといった構図が当てはまる。

また，日本の学校にはサイレントマジョリティーが多数を占めている。サイレントマジョリティーとは，明確な意思表明をするわけではないが，無言で大多数が賛同する言動と一致した行動をとる人々のことをいう。彼らは，何か積極的な発言をしたり行動したりするわけではないが，学校を取り巻く暗黙のルールに同調する役割を果たしている。したがって，サイレントマジョリティーを含め子どもの多くが「学校に毎日通うことは当たり前だ」という価値観に同調すればするほど，より一層学校に通うことに辛さや困難さを抱える児童生徒には葛藤状態を強いることになるだろう。

一方で，分化的接触理論は児童生徒を取り巻く環境や集団に着目する。サザーランドの理論である「分化的接触理論」は９つの命題で構成されている。それらを要約すると，児童生徒は，集団の活動要素に問題行動が含まれている集団に接触することで，問題行動に接触する機会に遭遇する。そこにおいて，問題行動を学習し，問題行動をよしとする考え方を身につけ，問題行動を繰り返すようになっていくという理論である（Sutherland 1960＝1964：63-５）。

たとえば，多少素行は荒々しいが，運動神経は抜群のＡ君がいたとしよう。ある中学校では，Ａ君の運動神経の高さを買って，チームメイトに乱暴をしないという条件で部活動のレギュラーに起用するかもしれない。そうするとA君の放課後の居場所は学校の部活動になり，不良グループとの接触機会は減るだろう。しかし，別の中学校では，まずはA君の素行が改善されない限り入部をさせないという対応を取ったとしよう。そうするとA君は放課後に学校での居場所がない状態になる。そんなA君の運動神経の高さに目をつけた不良グループが，チーム間の喧嘩要員としてA君をスカウトしたらどうだろうか。A君の居場所はたちまち学校外の不良の溜まり場になるかもしれない。

Sutherlandの理論は，問題行動に接触する機会の多さに注目している。似たような性格の少年でも非行少年になるかならないかは違いがあるとする。こうした視点は，児童生徒がどのような交友関係・家族関係であるのかを検討する必要性を提示してくれる。

先ほどは不良グループとの接触の事例で捉えたが，友人関係のみが問題行動に接触する機会を与えるとは限らない。たとえば，緊張理論の説明では遅刻を繰り返す子どもの事例を挙げた。もしも遅刻を繰り返す子どもに対し，保護者が「学校に行く必要はない」という価値観を持ち合わせていたとすれば，児童生徒は学校を欠席することに対して抵抗感を抱かなくなる可能性も考えられるだろう。緊張理論では，「学校に行かなければならない」という価値観に同調しているためにプレッシャーとなり，不登校となる図式を説明するが，分化的接触理論のもとでは，「学校に行かなければならない」という価値観を重視しない集団にいるために不登校となる図式を説明する。

(3)　社会環境が問題行動を抑止するという視点

(2)では社会環境が問題行動を促進するという立場を紹介した。だが，一方で社会環境が問題行動を抑止するという統制理論の立場も存在する。Hirschiは，社会との絆に注目しその絆が家族や学校と結ばれていることで問題行動が起きないとした。ここでは少し詳しく，絆の内容を紹介しよう。〔表９－１〕は４つの絆についてまとめている。

「愛着」ではたとえば，「家族が登校することを望んでいるから毎日学校に通う」と考える状態が該当する。この場合，家族との愛着があるため，通学するということになる。「投資」は，問題行動を起こすことで教師からの信頼を損なうことを恐れるのが該当する。問題行動を損得で考え，避けるような状態である。「巻き込み」は，夕方まで全力で部活動に参加し，帰宅後は塾や習い事に勤しみ，これらの活動に満足している状態を指す。健全な生活を送るのに忙しいため，問題行動を起こす余裕がないということだ。「規範観念」は，たとえば「学校に行くことは大切である」といった考え方を素朴に受け入れていることを指す。もちろんこの考え方には，学校での学びが実生活に役に立たなくても将来のために必要だから学校に行く，というものも含まれている。

Hirschi はこれらの４つの要素を分析枠組みとして，学業や仕事などの「正しい」価値観が少年を逸脱から遠ざけるという論証を試みている。

表９－１　４つの絆について

４つの絆	
名称	状態
愛着（attachment）	家族や友人，学校などの集団と情緒的な繋がりがあること
投資（commitment）	それまでやってきたことや投資してきたことを失うことへの恐れがあること
巻き込み（involvement）	日常生活のさまざまな活動に参加し，問題行動をする暇がないこと
規範観念（belief）	所属している社会の規範的な枠組みを受け入れていること

（出所）Hirschi 訳書（1994）をもとに筆者作成

Hirschiのこうした考え方は一般に統制理論という立場にあり，問題行動に至らないように個人にブレーキをかける要因があると考える立場である。「正しい」環境に巻き込めば問題行動は発生しない，というような統制理論の考え方は，多くは問題行動の更生プログラムで用いられている。たとえば森田（1997）は，Hirschiの理論が，不登校の予防にも応用できると述べている。学校との愛着を考えるとき，友達は重要な構成要素であり，友達がいることは問題行動を予防することができると考えられている。一方，非行少年に対して矯正教育を行う少年院では，教育活動を通して良い価値観を身に付けさせようとしている。また，施設内での生活期間中に悪い友人関係を断ち切らせ，出院後の再犯を防止するという営みが行われている（都島 2021）。

（４）　関係性への注目の必要性

（１）では問題を個人のなかにあるとする考え方を取り上げた。（２）では問題を環境の側にあるとする考え方を取り上げた。そして（３）では「健全な」環境下であれば問題行動を抑止するという考え方を取り上げた。特に，（２）と（３）は同じ社会環境という要素であるにもかかわらず，促進と抑止という両義的な側面を持つため，どのように問題行動を捉えたらよいのか混乱している読者も少なくないかもしれない。

そこで，本章ではもう一つ重要な視点として関係性について取り上げたい。Beckerはラベリング論の代表論者であり，問題行動自体が人々の間の関係性によって生成されるという見方を提示している。

> 社会集団は，これを犯せば逸脱となるような規則をもうけ，それを特定の人々に適用し，彼らにアウトサイダーのラベルを貼ることによって，逸脱を生みだすのである。この観点からすれば，逸脱と

は人間の行為の性質ではなくて，むしろ，他者によってこの規則と制裁とが「違反者」に適用された結果なのである。(Becker 1973 訳書：8)

引用した言葉には，まず社会集団が逸脱の規則をもうけている，という点が指摘されている。次に，もうけた規則に準じて逸脱者にはアウトサイダーのラベルを貼り，それにより逸脱が生み出されるという点を指摘している。いじめについて取り上げた前章では，いじめの定義方法について注目した。ここでのBeckerの主張もまさに，いじめをはじめとする問題行動そのものを，誰がどのように定義するかを問題にしている点で同じ考え方に該当する。Beckerの指摘を踏まえれば，そもそも非行や不登校自体も，そのように非難する人がいてはじめて成立することになる。問題行動は，「非難する人／非難される人」の二者関係が成立することで初めて生まれるのだ。

またBeckerの理論では，逸脱者としてラベルを貼られた人がラベルに抵抗できないために，「常習的逸脱者（≒本物の逸脱者)」になっていくという状況も指摘している。飲酒や喫煙といった些細な問題行動でも公に非難され，周囲から「不良」とみなされることで，貼られた「不良」ラベルを引き受けようと，さらに悪事を働こうとする過程が常習的逸脱者への道である。なおこうした捉え方は，逸脱者のラベルを貼られた個人の主体性を看過しているため批判もある。ラベルを貼られても，その反応は人それぞれであり，抵抗を示す場合もあるだろう。

ラベリング論者は，他者からラベルを貼られることで問題行動が生み出される，という特徴を重視する。そのためラベルを貼る側によって問題行動そのものが恣意的に生み出されているという「セレクティブ・サンクション」を指摘することができるのも重要な点である。たとえば，誰もが認める優等生と，授業中によく悪ふざけをする生徒が喧嘩をしたとしたら，学校の先生は両者を平等に叱らず，悪ふざけをよくしている生徒側に偏った説教が施されるかもしれない。おそらく，教師が叱る様子を見ている人たちも普段悪ふざけをしている生徒の方が悪いに決まっている，と対応に違和感を抱かないだろう。このように，行為そのものではなく，「誰がその行為を働いたか」によって反応が異なることをセレクティブ・サンクションと言う。欧米では人種間により，警察の対応が異なっているとして，実際にセレクティブ・サンクションが大きな社会問題となっている。

ラベリング理論の視点は，関係性のなかから問題行動を丁寧に読み取る必要性を私たちに提示する。ラベリング理論の視点を踏まえれば，周囲の人々のリアクション次第で，問題行動が深刻化するかどうかが変化するとも言えるだろう。

3. 問題行動からの「立ち直り」には何が必要なのか？

(1)　毅然とした生徒指導へのニーズの高まりとゼロ・トレランス

内閣府は平成27年度に「少年非行に関する世論調査」を行っている。調査では少年非行を防止するために学校・家庭・地域社会に求める対応を質問している項目がある。学校に求める対応としては「児童・生徒に対して毅然とした態度で接する」という項目が46.9%と最も高い割合を占めていた。

さらに，家庭での対応でも「褒めるべきことはきちんと褒め，叱るべきことはきちんと叱る」という項目が67.5%を占めている。また，地域住民の対応としても「よその家庭の子どもであっても悪いことをしたときは叱る」が54.9%と最も高い割合を占めていた。これら結果から言えることは，毅然とした態度で，悪い行為は見逃さず罰することが大切であると考えている人が少なくないということだ。

文部科学省による生徒指導提要においても同様に，「毅然とした生徒指導」が教師の指導態度として望ましいとされている。

たとえば，ある生徒が髪を染めたとしよう。生徒が通学する学校では髪を染めることは校則違反として定められており，学校の中では，望ましくない行為である。その場合，教師は髪を染めるという行動がルール違反であることを伝え，髪を戻すまでは登校させないなどといった指導をすることが「毅然とした態度」だと言える。

さらに，生徒指導提要では学校のルールや秩序が破壊される場合や，児童生徒の学習を妨げる暴力行為がある場合は，出席停止という対応もあり得ると示されている。出席停止は一定期間学校への出席をさせない対応である。ただし，小・中学校段階は義務教育の期間にあたるため，出席停止期間中の学習の支援などは別途行われる必要がある。

高等学校においては，停学や退学の措置も講じられることがある。退学は，学校を辞めさせることになるため，生徒の教育を受ける権利を奪う性質を持っている。停学は教育を受ける権利を一定期間停止するものである。

学校教育では児童生徒に対して「あたたかく粘り強く指導していく」というスタンスが前提ではあるが，いざという場面では出席停止や退学・停学といった措置も講ずることがある。

こうした出席停止などの対応は，広くはゼロ・トレランス方式という立場に該当する。ゼロ・トレランスとは「寛容」を意味する「tolerance」がゼロだということだ。すなわち「不寛容」という意味を持っている。校内での暴力事件が深刻な社会問題になったアメリカにおいて，導入された指導方式である。「割れ窓理論」という，環境犯罪学の思想をルーツにしており，窓ガラスを割る行為や壁面への落書きといった軽微な問題行動を見逃さず処罰することにより，暴力事件などの重大な事件を予防できるという思想である。

ゼロ・トレランス方式における生徒指導では，校則をはじめとする学校のルールに基づき，違反した児童生徒を厳格に処罰するという指導方針を取ることになる。つまり，先ほどの髪を染めた生徒の場合，髪の毛を元に戻さない限り学校には通学できず，状況によっては退学などもあり得るという指導スタンスがゼロ・トレランス方式だ。

ゼロ・トレランス方式は学校の秩序を守ることや，「安心・安全な学校」を維持していくためには有効な手立てである。なぜなら，ルールを破って学校の秩序を脅かす児童生徒に対して処罰を下し，学校に通わせないという対応も可能だからだ。だが，こうした方法では問題の根本解決にはならない。学校の中での問題は減るが，学校から追い出された児童生徒の問題解決に至らないからだ。ほかにも田中（2014）は，ゼロ・トレランス方式の持つ問題を以下のように指摘している。少しでもルールを破る児童生徒を問答無用で排除するという問題や，逆にわずかなルール違反も見逃さないという閉塞した秩序環境を生み出し，ひいてはプライバシーを侵害する問題などである（田中 2014）。行きすぎたゼロ・トレランス方式のもとでは，児童生徒同士がお互いを監視し合うなかで不信感や閉塞感を生み出すリスクも考えられる。

（２） 問題行動のそのあとへの注目

近年，犯罪者や非行少年はどのように「立ち直る」のか，というテーマでの研究が盛んに行われている。いわば，問題行動のそのあとへと注目が向けられているのだ。「立ち直り」を研究する立場は，問題行動の当事者が「変わる可能性」を想定する。その意味で，問題行動の当事者は一生問題行動を起こし続けるという冒頭に紹介したロンブローゾのような決定論的立場とは異なっている。

「立ち直り」研究でわが国の犯罪学において現在注目されている立場が「良き人生モデル」である。問題行動の当事者が持つ長所に注目し，当事者のニーズを重視する立場を言う。Maruna は，イギリスで実施した調査をもとに犯罪者の「良き人生モデル」を検討している。Maruna によれば，犯罪者にも「人の役に立ちたい」，「社会に恩返しをしたい」といった気持ちや，そのために自分の長所を生かしたいと考える人がいる。さらに，そうした考えを持つ者は，犯罪をやめて，まっとうな生活を送っているという。彼の調査を踏まえれば，「犯罪者はろくでもない」と切り捨てて排除する態度がいかに誤りであるかがわかるだろう。

同じく「良き人生モデル」を支持する論者である Laws and Ward は，「良き人生モデル（Good Lives Model)」を獲得することで問題行動からの「立ち直り」が促進されると考える。「良き人生モデル」は，「人としての基本財」（Laws and Ward 訳書 2015 p.221）の獲得を指している。「人としての基本財」つまり当事者のニーズが法律に違反しないような方法で手に入るよう支援すれば，犯罪をはじめとする問題行動は起こらないという。Laws and Ward が提示する具体的な基本財としては10点が挙げられている。たとえば「生命」が挙げられており，安心・安全に生活が送れ，生命が脅かされない状態がこれに該当する。また，「関係性」も挙げられており，たとえばこれには他者から裏切られないことや，孤立しないことが該当するだろう。

なお，問題行動の当事者のニーズに合った支援については，不登校・ひきこもり支援の現場で長く蓄積があると言える。たとえば，不登校児童生徒を支援するフリースクールの多くは「学びの場や居場所」（伊藤 2017 p.104）を支援のキーワードに据えている。住田は「子どもが安心感とリラックス感を持てる場」（住田 2004 p.103）を「居場所」と定義する。住田によれば子どもには否定されたり，無視されたりせずに安心して生活できる空間が必要であり，「居場所」において同世代の子どもたちと感情や問題を共有するからこそ相互受容的になれるという。フリースクールに通う児童生徒は，過去の経験により，安心できる空間が剥奪されてきたからこそ，居場所支援が重視されていると考えられるだろう。

修復的司法（詳しくは８章４節を参照）を提案したZehrは，問題解決にあたり，加害者のニーズに目を向ける必要があるという。というのも，Zehrによれば加害者が加害行為に至った背景には自身が虐待などの経験を受け，人間としての尊厳を剥奪されている場合もあるからである。人間としての尊厳を回復して初めて，被害者やコミュニティに対する埋め合わせの気持ちが芽生えるのではないだろうか。

Zehrの主張や「良き人生モデル」を踏まえると，加害行為や問題行動を行う児童生徒には，「人としての基本財」が剥奪されていないかどうか，あるいは彼らのニーズはいかなるものであるか，という点に目を向ける必要があると言える。

4.「問題」はどこにあるのか
――「問題行動」の社会モデルを目指す

冒頭に引用した“はるちゃん”のエピソードに戻りたい。“はるちゃん”はその後学校で「黒板をきれいにする係り」に任命された。黒板の消し方を先生が１つずつ説明したことで，先生や同級生から係の仕事ぶりを褒めてもらうようになった。“はるちゃんは”「私にもできることがあった！」と感じられるようになり，「学校がすこぉし楽しくなった。」と締めくくる。

上述のエピソードを見て，勘の良い人は「合理的配慮」の支援により，“はるちゃん”は学校での居場所を獲得できたのだと考える人もいるかもしれない。「合理的配慮」は特別支援教育で近年重視されている関わり方である。障害のある児童生徒が，他の児童生徒と平等に教育が受けられるよう，学校が調整・変更することである。“はるちゃん”の事例で言えば「黒板を消す係り」を割り当てたことや，黒板の消し方を丁寧に説明することが「合理的配慮」に該当すると言える。

特別支援教育では，「合理的配慮」と同様に重視されている支援の在り方がある。それは，「基礎的環境整備」である。「合理的配慮」の基礎となるもので，障害のある子どもの教育環境について主にハード面で調整・変更することを指す。たとえば，車イスの子どもでも生活ができるよう，学校にエレベーターを設置することがこれに該当する。

「基礎的環境整備」も「合理的配慮」も，「障害の社会モデル」という思想をベースとしている。この思想の特徴は，障害は健常者中心の社会によってつくられている，と考えるところにある。たとえば，車イスで移動する児童生徒の通学時間が健常者よりも倍かかっているならば，それは障害を持つ児童生徒の体力が乏しいからではない。もしかすると，階段が駅の改札口近くに設置されているのに対し，エレベーターは改札口のはるか遠くに設置されているのかもしれないからだ。

障害の社会モデルは，いかに社会が健常者・マジョリティ側に有利な仕組みになっているのかを問いかける発想だ。したがって，障害の社会モデルとは障害を持っている側に変化を求めるものではない。むしろ，健常者であるマジョリティ側の変化が求められる思想なのだ。障害の社会モデルに基づけば，障害を持つ者が異質だから排除するという思想こそが，障害を生み出していると言えるだろう。

さて，冒頭では不登校や非行を経験している児童生徒のうち，発達障害である者が一定数いることを示した。これも，「障害の社会モデル」で解釈すれば以下のように理解することができるだろう。つまり，発達障害を持つ児童生徒が十分に能力を発揮できないような「障害」を学校が設けている可能性がある，ということだ。

そうであるならば，今一度“はるちゃん”の絵本の作者のように，あるいは「良き人生モデル」が提案するように，学校で「困っている」児童生徒のニーズに耳を傾け，マジョリティに有利な仕組みを捉えなおす必要があるだろう。「問題行動の社会モデル」を目指すことで，問題行動の予防や減少に役立つのではないだろうか。

学習課題

1．本章で取り上げた原因論のうち１つを取り上げ，不登校あるいは非行が発生するメカニズムを説明してみよう。
2．不登校・非行を予防・減少させるためにどのような対策が講じられるだろうか。あなたにできることを考えてみよう。

引用・参考文献

・Becker, S, Howard（1963）Outsiders: Studies in the Sociology of Deviance, New York: The Free Press.（＝1978，村上直之訳『アウトサイダーズ　ラベリング理論とはなにか』新泉社）

・藤川洋子（2010）『非行と広汎性発達障害』日本評論社
・Hirschi, T, 1969, Causes of Delinquency（＝1995, 森田洋司・清水新二訳『非行の原因　家庭・学校・社会のつながりを求めて』有信堂）
・保坂亨（2019）『学校を長期欠席する子どもたち——不登校・ネグレクトから学校教育と児童福祉の連携を考える』明石書店
・伊藤秀樹（2017）「学校の外で学ぶ子どもたち」片山悠樹・内田良・古田和久・牧野智和編『半径5メートルからの教育社会学』pp.101-115, 大月書店
・Laws. D.R. and Ward. T.（2011）Desistance from Sex Offending（＝津富宏・山本麻奈監訳（2015）『性犯罪からの離脱——「良き人生モデル」がひらく可能性』日本評論社
・Maruna. S（2001）Making Good: How Ex Convicts Reform and Rebuild Their Lives. : American Psychological Association.（津富宏・河野荘子　監訳（2013）『犯罪からの離脱と「人生のやり直し」——元犯罪者のナラティヴから学ぶ——』明石書店）
・森田洋司（1997）『「不登校」現場の社会学』学文社
・内閣府（2015）「少年非行に関する世論調査」
・作田誠一郎（2018）『近代日本の少年非行史——「不良少年」観に関する歴史社会学的研究』学文社
・住田正樹（2004）「子どもの居場所と臨床教育社会学」『教育社会学研究』第74集, pp.93-109.
・田中智仁（2014）「第6章犯罪・非行とコミュニティ——社会解体論と環境犯罪学」岡邊健編『犯罪・非行の社会学——常識をとらえなおす視座』有斐閣
・都島梨紗（2021）『非行からの「立ち直り」とは何か』晃洋書房
・よつばもこ（2012）『学校コワイ』ASDヴィレッジ出版

10 貧困問題から考える問題行動への向き合い方

都島梨紗

《目標＆ポイント》 子どもの貧困が深刻な社会問題となっていますが，なぜ改善されないのでしょうか。本章では，貧困を維持するロジックに私たちの中の思考方法が関係していることを示します。また，学校が活用可能な専門職と学校の論理の違いについて紹介し，学校のみが教育問題を抱えこまないための方法を検討します。
《キーワード》 貧困の定義，メリトクラシー，交差性，福祉と教育

1．貧困のイメージ

みなさんは「貧困の子ども」と聞いてどのようなイメージをするだろうか。服装や容姿，あるいは性別はどうだろうか。何か手にしているものはあるだろうか。しばし本書を置いて想像してみてほしい。

さて，みなさんのイメージする貧困の子どもは，果たしてどのようなものだったろうか。服が破れていたり，汚かったり，みすぼらしい，風呂に入っていない，ぱっと見て『貧困』だとわかるなどのイメージを抱いた人は少なくないはずである。こうしたイメージに合った貧困は，実は貧困の全体ではなく，一部である。みなさんがイメージしやすい貧困は，「絶対的貧困」に含まれる場合が多い。

絶対的貧困は，Listerによれば，基本的な身体的ニーズを満たすのに十分な貨幣が欠如している状態を指す。生存の問題が生じて，衣食住に十分なお金を費やすことすらできないような状態のことである。紛争に

より故郷に帰ることのできない難民あるいは，自販機の下の小銭を集め，水道水で空腹を紛らわすサバイバル生活を送ったという「ホームレス中学生」（田村裕 2010）のようなイメージがこれに該当するだろう。

2．相対的貧困と一時的貧困

（1） 貧困を相対化する

これに対し，「相対的貧困」というのも存在する。Lister によれば，「物質的・文化的・社会的資源が限定されているために，居住する加盟国において容認される最低限の生活様式から排除されている個人，家族，集団」（Lister 訳書 2011）を指す。つまり，その地域社会のほとんどの人が送っている「ふつうの暮らし」ができない状態を指しているため，衣食住などの生命維持にかかわる領域以外も含む。たとえば現代日本であれば，お正月を祝うために普段よりもご馳走を食べる慣習がある。また，お誕生日にはプレゼントを買ってもらうことや，ご馳走を食べるといったお祝いをする慣習もあるだろう。こうした生活様式に対し，貧困のために参加できない状態を，「相対的貧困」は含んでいる。

ところで，最低限の生活様式とはどのようなものだろうか。相対的貧困の定義を見て「ご馳走を食べるのは贅沢だ」，「誕生日プレゼントを買う余裕があるのであれば貧困ではない」と考える人もいるのではないだろうか。そこで，今一度相対的貧困の定義に立ち返ってみよう。「居住する加盟国において容認される最低限の生活様式から排除」とある。ここからわかるのは，日本とアメリカでは，おそらく最低限の生活様式が異なっているため，日本では貧困に該当しない状態がアメリカでは貧困である可能性がある，ということである。したがって，相対的貧困の定義は決して固定されているわけではないことに注意を向ける必要がある。国や地域の違いはもちろんのこと，時代や性別，年代によっても最低限

表10-１　子どもの最低限の生活様式の例

最低限の生活様式の例
お小遣いが毎月もらえるかどうか
スポーツ用品（部活グッズ）が用意できるかどうか
同学年の児童生徒が持っているものを持っているかどうか（おもちゃ，ゲーム機，参考書，スマホなど）
家で宿題をする場所があるかどうか
電話料金や水道料金が払えないことがあるかどうか

（出所）阿部（2018）をもとに筆者作成

の生活様式は異なるだろう。たとえば，20年前であればスマートフォンやパソコンがなくても生活に困らなかっただろうが，現在はスマートフォンやパソコンを持っていることで職業活動をはじめとする社会活動に参加しやすい，という場合がある。たとえば，アルバイト一つとっても，シフトの調整や管理をSNS等のアプリを用いて行うことがあるだろう。このように，数年前では贅沢品だったが，時代の変化とともに私たちの生活を維持するためには必需品となっているものもあるということに目を向ける必要がある。

現在，阿部彩を中心に「日本版子どもの剥奪指標」が開発されている（阿部 2018）。そこでは，たとえば「家で宿題をする場所があるかどうか」，「部活動などに必要なスポーツ用品が用意できるかどうか」などが指標の候補として組み込まれている〔表10-１〕。

（２）一時的貧困とは何か

貧困を考える際に，もう一つ重要な側面がある。それは，貧困は結果ではなく，状態であるということだ。貧困には，「一時的貧困」と「慢性的貧困」という状態がある。「慢性的貧困」とは，長期にわたって貧

図10-1　西日本豪雨被災地の浸水被害直後の様子（筆者撮影）

困状態が続いていることを指す。これに対し「一時的貧困」は季節によって左右される貧困や，自然災害などの外的ショックによって引き起こされる貧困のことである。たとえば，2018年に西日本を中心とする豪雨災害があった。被災地の中でも深刻な水害を受けた岡山県倉敷市真備町の被災地の様子を見てほしい。写真〔図10-1〕は筆者が災害ボランティアに参加した際に撮影したものだ。この写真に写っている光景はほんの一部だが，現地には道路一面に家電製品や自動車をはじめ，浸水被害により使い物にならなくなった家財道具が捨てられていた。この写真を見てわかるように，水害や震災をはじめとする自然災害により，住居だけでなく家財道具までもが使いものにならなくなる場合がある。それにより，生活が一気に困窮状態になることは，誰もが想像にたやすいだろう。

そのほか自然災害だけでなく，家族の生計を主として担っている者が病気やケガで休職，あるいは亡くなってしまう場合も貧困状態に陥りやすい。〔図10-2〕は，災害や病気・失職などにより，暮らし向きが変化する様子を表したものだ。一時的貧困という概念により，災害等により一気に暮らし向きに変化を与える様子を捉えることができるが，貧困状

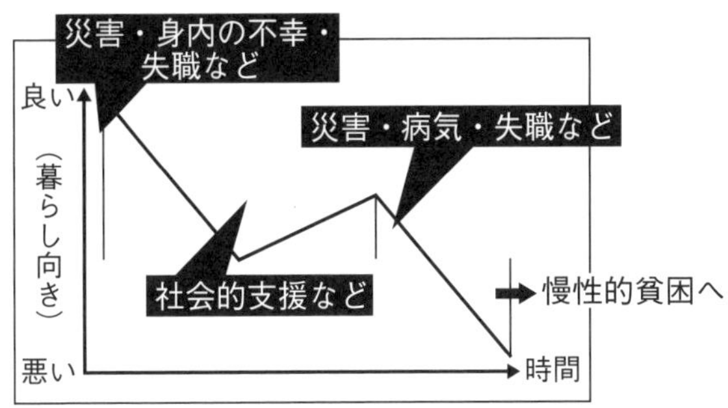

図10-2　一時的なダメージにより変化する暮らし向き（筆者作成）

態に陥った一時点のみを視野に入れていては不十分である。

筆者が本書を執筆する現在は，COVID－19が猛威を振るい，飲食業や観光業を中心に大きな経済ダメージを与えている。東京商工リサーチによれば，2021年２月時点で，COVID－19感染拡大に関連した全国企業倒産件数は1,000件にのぼる。まさにこうした事態により，貧困状態に陥ってしまった人々は，一時的貧困に該当する。今後一時的貧困の状態にある人々への十分な社会的支援がなければ，慢性的貧困にある人々が増えていく可能性も考えられる。

〔図10-２〕は一時的貧困から慢性的貧困に変化していく様子をモデル化したものである。災害といったダメージにより，暮らし向きが悪くなり一時的な貧困状態になる。だが社会的支援を受けることで暮らし向きが上向くこともある。しかし，その後また外的ショックを受ければ再び暮らし向きは下降し，慢性的な貧困状態となる可能性がある。

一時的貧困において重要な点は，貧困ラインより少し上の位置にいる人々の生活が，病気やケガ，事故等によって著しく脅かされる場合もあるということである。たとえば，収入や貯金に余裕のある人は少しくらい病気やケガで入院してもただちに深刻な貧困状態にはならないだろう。

しかし，毎日生活することで精いっぱいの人が働けなくなってしまったら，貧困状態から抜け出すことは困難を極めることになる。このことから，一時的貧困に陥った人々が慢性的な貧困状態にならないような支援が必要不可欠だ。加えて，貧困状態にない人々も何らかの外的ショックにより生活が苦しくなるという視点も重要である。貧困は流動的な定義として捉えたほうが良いだろう。

3. 貧困とさまざまな問題

（1） 学力格差と貧困

これまで貧困の定義を見てきた。では，貧困とかかわりのある問題はどのようなものがあるだろうか。まず，教育に与える影響を見てみたい。

〔図10-3〕は，学力実態調査の成績を家計の年収別に見たものであ

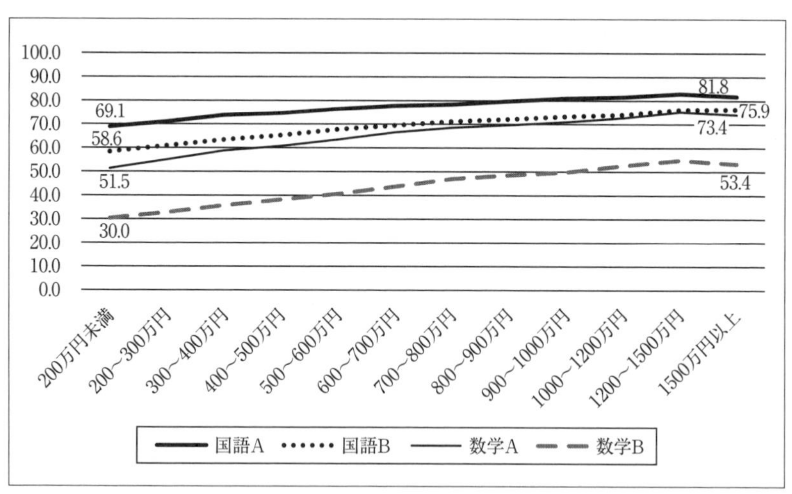

図10-3　中3の学力実態調査の世帯収入別の結果

（出所） 国立大学法人お茶の水女子大学（2014）p.40「世帯収入（税込年収）と学力の関係」をもとに筆者作成

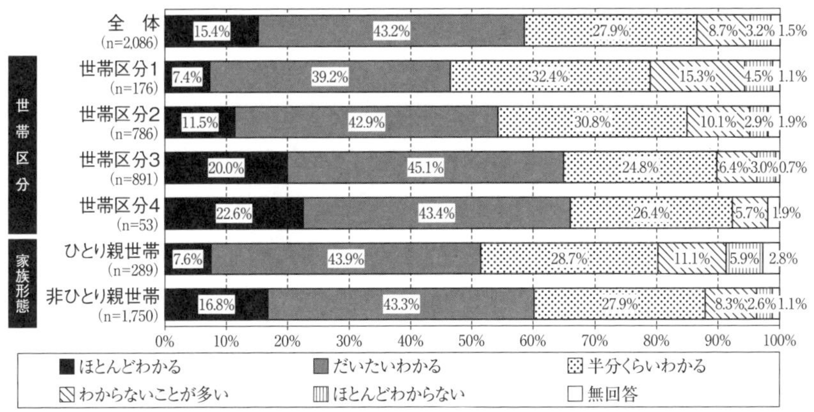

図10- 4　「学校の授業がどのくらいわかるか」に対する中学 2 年生の回答

（出所）　岡山県（2018）p.94を引用

る。数学・国語いずれにおいても，おおむね右肩上がりに数値が推移しており，200万円未満の家庭の子どもの点数が一番低いことがわかるだろう。なお，数学Bや国語BはA問題に比べて問題解決能力や思考力など，応用的な能力を問う内容になっている。いずれにおいても，年収200万円未満と1,500万円以上で比較すると20点もの点数の開きが見られる。

加えて，〔図10- 4〕のグラフを見てほしい。グラフは岡山県を対象に行われた調査結果である。世帯区分 1 から世帯区分 4 に上がるにつれ，所得階層が上がっていく。世帯区分 1 は122万円未満，世帯区分 2 は122万～245万円未満，世帯区分 3 は245万円～490万円未満，世帯区分 4 は490万円以上だ。調査が行われた2018年度の貧困線は127万であったことから，世帯区分 1 と世帯区分 2 の一部が貧困世帯に含まれる。世帯区分 1 から 4 へと上がるにつれ，学校の授業が「ほとんどわかる」と答える割合が増加していることが読み取れる。「だいたいわかる」と合わせると，世帯区分 1 が46.6%であるのに対し，世帯区分 4 では66.0%を占める。

2016年に行われた東京大学生活状況調査では，62%と半数以上の学生が，950万円以上の年収のある家庭出身であることが明らかとなった。東京大学自体は国立大学であるため，私立大学に比べれば学費は高くないだろう。だが，東京大学に入学するために必要な学力を身につけるという目的で塾などに通うことが必要な場合もあるはずだ。さらに最低限の生活様式であったように，自宅で集中して学習できるようなスペースの確保は必要である。

東京大学に限らずとも，自宅の家計状況は子どもの進学に影響を与える。前述の岡山県の調査では将来の進学希望についても質問している。世帯区分 1 の子どもは33.5%が高校まで，26.7%が大学・大学院までと答えている。これに対し世帯区分 4 の子どもで高校までと回答したのは11.3%にとどまり，大学・大学院までという回答が62.3%に上った。このことから，貧困であることは小・中学生の学力格差にはじまり，大学への進学意識に至るまで重層的に影響を及ぼす可能性があると言える。

（2） 問題行動と貧困

9 章でも見てきたが，不登校や非行には，家庭環境が大きくかかわっているという見方がある。たとえば保坂は脱落型不登校の中に，貧困状態にある事例を提示している。

また，浜井（2007）は，少年法改正が議論され始めた1997年以降から，貧困家庭出身の少年が少年院に占める割合が増えたと述べる。2019年度の犯罪白書では，少年院に送致された24%の少年が貧困家庭出身である。

こうした指摘を踏まえると，貧困は貧困だけで終わらず，さまざまな問題と相互に関連していることが見えてくる。これまで，本章を含め 3

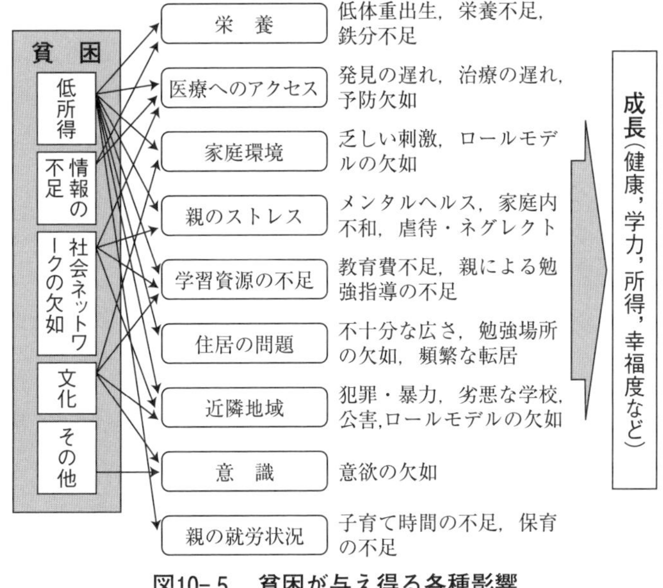

図10-5　貧困が与え得る各種影響

（出所）　阿部（2008）岩波書店 p.30を引用

章を割いて子どもの問題行動に視点を向けて論じてきたが，いじめ，不登校，非行それぞれは決してバラバラに存在しているのではなく，複数に問題が重なり，個人が生きづらさを重層的に抱えているという可能性も考えられるだろう。たとえば，貧困家庭出身の子どもが，勉強についていけず同級生にいじめられ，不登校になる，といった場合である。

阿部（2008）は〔図10-5〕のように貧困層が経験する不利な状況とそれにより生じる可能性のある結果をまとめている。貧困は，物質面の欠如だけではなく，さまざまな経験やつながりの欠如へと影響することが図から見えてくるだろう。その結果が，子どもに与える影響は計り知れない。前掲した岡山県の調査では，「自分は価値のある人間だと思うか」という質問を子どもに行っている。調査では，世帯区分４から１になるにつれ，「とてもそう思う」と回答する割合が減少している。特に世帯区分1では，ほんの15.3%となっており，最も多い世帯区分4が46.7%を占めている。比較すると，その差は2倍以上にのぼる。貧困は，その状況の中で暮らす子どもたちやその家族のさまざまな生活の側面に影響し，問題を生じさせることがわかる。

4. 貧困を支えるメカニズム

（1） メリトクラシーの考え方

ところで，貧困が問題であることは多くの人が共有しているはずであるにもかかわらず，なぜ改善が見込めないのだろうか。その背景には，私たちの思考方法が関係しているのかもしれない。

Aさんが難関大学の医学部に進学したとしよう。みなさんなら，なぜAさんが進学できたと考えるだろうか。たとえばAさんの父親が医者で，難関大学の理事長と親しいから入学できたのだ，という考えは「アリストクラシー」である。アリストクラシーは貴族や富豪による統治と支配が確立する社会を示す。親から子へと身分や財産が相続されていく世襲制の世の中であり，家系や血筋を重視する。現代日本では，家系のコネを利用して成功を達成するやり方は「裏口入学」として非難の対象になっている。そのため，アリストクラシーによる統治と支配に違和感を抱く読者は少なくないだろう。

一方，Aさんは勉強するのが得意で，なおかつ本人も努力していたから難関大学の医学部に進学したのならどうだろうか。それは「メリトクラシー」の考え方を採用していると言える。メリトクラシーは，アリストクラシーと対比され，メリット（業績）のある人々による統治と支配が確立する社会を指す。

メリトクラシーは人的資本論の考え方と強く結びついている。人的資本論とは，教育にかけた時間や費用投資の違いによって賃金に差をつける考え方である。子どものころから遊ばずに勉強をして努力を重ね，高い能力を得た人はその才能に見合った高賃金を手に入れることが当たり前と考える方法だ。

だが，メリトクラシーや人的資本論は同時に，メリットによる支配であるという側面も見逃してはならない。つまり，メリットのある人々は高い地位につくことができるが，メリットのない人々は十分な評価を得られない可能性があるという点である。

（2） 問題の個人化により見えなくなる社会の責任

ところで，メリットはどのように身に付くのだろうか。メリットがないのは個人の責任だろうか。本章では，「貧困」という社会経済的に不利な状態が，子どもやその家族にたくさんの不利益をもたらすことを見てきた。貧困をはじめさまざまな不平等が影響しているかもしれないのにも関わらず，メリットが乏しいことを個人の責任だと考えることは，問題の個人化である。どのようにメリットが身に付くのか，といった社会経済的背景を考慮に入れず，メリットの有無のみで個人を評価する思考法は貧困の問題を社会の問題として捉えなくなる。

メリットの有無だけに着目して，メリトクラシーの考え方を採用すると，難関大学合格者や大手企業に就職した人は，メリットがあるために，優遇されて当然だという考え方を採用する。血筋や家柄を評価するアリストクラシーに比べれば，メリットによる評価は合理的な考え方だと感じるかもしれない。しかし，メリットはどのように身に付くのかという点と，どのようなメリットを評価すべきなのかという点は一歩立ち止まって検討すべきだ。さもなければ，メリットがないのは個人の責任として捉えてしまい，その背後にある不平等の問題には蓋をすることになる。

世帯区分の違いにより，学校の授業の理解度や，自分の価値についての認識が異なっていたことは，すでに本章でも紹介したとおりである。世帯区分といった家庭状況と，学力や自己評価といった能力が関係している点を鑑みれば，実際はメリットだけではなく，家庭状況というようなアリストクラシーに類似する属性も含みこんでいる点には目を向ける必要があると言える。

問題を個人化することで，機会の平等を担保するという，社会の責任が「みえなく」なることには十分注意する必要がある。経済的な理由により一定の学力を身に付けるチャンスが妨げられることや，経済的な理由で大学に通えない現状があることを受けとめ，どのようにメリットを評価すべきかを，今一度捉えなおす必要があるだろう。

5. 社会のなかで「問題」に向き合う

(1) 学校の福祉的機能とその限界

これまで示してきたように，貧困をはじめ生きづらさを重層的に抱える家庭の場合は，個人の社会的ニーズをくみ取り，しかるべき支援につなげていく必要があると言える。学校では，2015（平成27）年12月に中央教育審議会が「チームとしての学校の在り方と今後の改善方策について」の答申をまとめている。この答申では，「心理や福祉に関する専門スタッフの活用」が挙げられており，スクールカウンセラーに加えて，福祉の専門性を持つスクールソーシャルワーカーの活用が掲げられるようになった。

ところで，学校では上記答申によりスクールソーシャルワーカーが導入される以前から福祉的機能も担ってきたと言える。学校の福祉的機能の代表としては，学校保健と学校給食が挙げられる（小川 1994）。学校保健は，「学校の児童生徒等及び職員の心身の健康の保持増進を図る」という目的を持つ。保健室での体調管理や健康診断などに代表される業務により，心身の健康の保持増進を行っている（詳しくは7章参照）。

一方学校給食は，「適切な栄養の摂取による健康の保持増進を図ること」を目標の一つに掲げている。もともと貧困の児童生徒の栄養状況を改善するために導入されたという背景を持っている。学校給食は，栄養教諭や学校栄養職員が献立作成を行っており，給食一食分で1日に必要な3分の1の栄養が補えるよう計算されている。現代日本においても，家庭で朝ご飯や夜ご飯を十分に食べることができない児童生徒にとって，健康な心身を保持するために重要な機能を担っている。

また，授業場面でも貧困に対する取り組みが行われている。たとえば，貧困家庭出身層が一定数在籍している大阪府立西成高校では，総合的な学習の時間を核に「反貧困学習」という独自のカリキュラムを導入し，貧困に立ち向かう知識を養うという教育が行われているという。たとえば一人暮らしをする際にかかる費用などを，高校在学のうちから試算するといった活動が取り入れられている（大阪府立西成高等学校 2008）。

学校保健や学校給食をはじめ，学校自体が福祉的機能を担っていることで，貧困による不利益を埋めるような営みが行われてきたと言える。その結果，貧困によって心身の健康や生活に必要な情報が欠如してしまうといった事態を一定程度予防できていると言える。だが，これにより個人差を見えにくくし，貧困がかえって不可視化されてしまうという問題も盛満（2011）によって指摘されている。盛満は貧困層に対し，「特別扱い」をすることが学校文化のなかで許されないことを取り上げている。盛満の指摘を踏まえれば，平等に児童生徒の心身の健康を高めようとするあまり，支援内容を限定してしまっているという学校の現状が垣間見えてくる。つまり，学校が平等に扱うことを追い求めた結果，個別に支援が必要な対象に対して「特別扱い」とし，支援をタブー視する風潮があると考えられる。学校の福祉的機能には，かえって貧困問題を見えにくくし，また解決しづらくするという逆機能があると言える。

（2） 福祉支援者と学校関係者のギャップ

（1）では差異を見えなくするというのが学校教育の特徴であることを取り上げた。学校保健や学校給食，貧困に対応する授業実践などの取り組みにより，児童生徒の心身の健康を一定水準で保持するという効果があったと言えるだろう。だが一方で，平等に心身の健康を高めることで，貧困問題を見えづらくするという逆機能も指摘されている。

では，福祉の専門職である社会福祉ではどのような支援やかかわりを重視しているだろうか。社会福祉領域では，対象者の「最善の利益」が支援の重要な指針となっている。野田は，ソーシャルワークの中で重視する価値は，〔表10-２〕の５点が中心になると述べる。

野田の提示するソーシャルワークの価値観を踏まえると，対象者のありのままを受け入れ，一人ひとりの差異を尊重する対応が重視されると言える。こうした姿勢は一方で，児童生徒全員に平等に対応することが良いと考える学校教育の立場とは大きく異なると言えるだろう。

表10-２　ソーシャルワークで重視する５つの価値

ソーシャルワークで重視する５つの中心的価値
どの人も人間であること自体に価値があり，人権や平等が保障されること
一人ひとりが個人として大切にされ，その自己決定は尊重されること
差別から守られ，民主主義や人道主義的な考え方が尊重されること
自己実現と生活の質が保たれ，さまざまな貧困から守られること
人や社会は変化することができ，その可能性を尊重すること

（出所）野田（2016）p.28をもとに筆者作成

本章では福祉と教育のうち，どちらがより望ましいかなどの判断を述べることはしない。なぜなら，どちらがより適切な「解」であるかは，置かれている児童生徒の状況や問題の在り方によって異なるからである。代わりに本章では，少なくとも児童相談所をはじめとする福祉専門職と学校教育関係者（具体的に言えば教師）とは重視する価値観が異なる場合があるという点は強調しておきたい。また，本章では福祉と学校教育との相違を取り上げたが，心理カウンセラーや医療関係者，あるいは警察や家庭裁判所といった司法関係者など，近年「チーム学校」の中で重視されている連携機関との間にも類似した相違が存在することは容易に予想されるだろう。専門的立場が異なればおそらく教師と異なる価値観・支援観を持っている可能性は考えられるはずだ。

（3）学校の「ありのまま」を受け入れる

これまで本章では主に貧困をメインテーマとして児童生徒の「問題」を取り扱ってきた。3章にわたり，児童生徒の問題行動について取り扱ってきたが，すでに触れたように，それぞれの問題はバラバラに発生しているというより，複数に問題が重なりあいながら現れているという視点も必要だと言える。

近年一個人が多重に生きづらさを抱えていることが，女性学を中心にクローズアップされている。Collins と Bilge は「人種，階級，ジェンダーやセクシュアリティ，国家，能力，エスニシティや年齢などさまざまな形で現れる不平等」（Collins and Bilge 2020 p.2）に着目している。さらに，一個人がこれらの不平等を複合的に経験している状況を「交差性」と呼び，問題化している。たとえば，日本社会では富裕層よりも貧困層が社会的不平等を経験する可能性が高いと言えるだろう。では，貧困家庭出身であり，障害を持った女子生徒であればどうだろうか。もしかしたら，貧困家庭出身の健常な女子生徒よりも多くの不平等を経験しているかもしれない。そして，その結果として不登校をはじめとする問題行動を引き起こしているかもしれない。「交差性」の視点に立てば，児童生徒の問題行動は，貧困や障害などによる能力の不平等や，ジェンダーといった社会的な不平等にさらされた結果である可能性も考えられるだろう。

とはいえ，すべての「問題」を学校や教師のみで解決に向けて抱え込むべきではないという点は最後に強く主張しておきたい。保田（2014）は教師が児童生徒との日常的な接点を持っている一方，スクールソーシャルワーカーやスクールカウンセラーにその役割が委譲されない学校教育の特徴を述べている。保田によれば，教師は子どもとの日常的関わりを持つべきだと考えていると言う。だがそれにより，児童生徒の問題を教師がピックアップし，専門職に委譲するというゲートキーパーの役割が増えてしまっている。教師の負担を軽減する目的で導入されている多職種連携はともすると，教師の負担を増やしかねないと言える。ではなぜこのようなことが起きてしまうのだろうか。その背景として，「子どものため」であればなんでも引き受けなければならないという献身的教師像への強固な価値規範が根強くあることが考えられるだろう。

伊勢本（2018）は教師が「子どものため」と学校の外で行われる地域の祭りなどの世話を引き受けて，献身的に振舞おうとする様子を取り上げている。教師が「子どものため」にあらゆる責任を引き受けるべきだ，という思考法は教師だけが持ち合わせているわけではないはずだ。教師は子どものために責任を持って問題を解決すべきだ，と児童生徒をはじめ教師以外の人々は考えているだろうし，伊勢本の研究を踏まえれば，その期待に応えようと，教師は「子どものために」やらなければならない業務を拡大している状況にあると推察できる。

学校現場は，多忙だということはかねてから指摘されている（詳しくは15章を参照）。また本章の整理をとおして，学校の福祉機能には一定の効果がある一方，その限界も見えてきた。そうであるならば，子どもをめぐる「問題」すべてを学校や教師のみに任せるべきではないだろう。重要な点は，学校側がどのような価値観を重視しているかを自覚しつつ，他の専門職が重視する価値観を尊重する姿勢を持つことだ。

山野は学校でスクールソーシャルワークを導入することで「全数把握が可能な学校に福祉の視点を入れることができ，早期発見のシステムづくりを行える可能性がある」（山野，2016，p.33）と述べている。学校現場では，全員に同じ対応をするからこそ，現われる差異に敏感になることができるはずである。そもそも児童生徒をめぐる「問題」は学校外で発生していることも多い。

だからこそ，何か支援が必要だと感じられた場合は，安心して「問題」まるごと専門職に預けるという発想も必要なはずだ。教師がなんでも解決するのではなく，教師以外の専門家や学校の「外」に委ねるという発想が，貧困をはじめとする児童生徒をめぐる「問題」の解決の糸口になるのではないだろうか。学校に過度に「問題」を押しつけるのではなく，まずは学校の「ありのまま」を受け入れる必要がある。

学習課題

1．学校以外の子どもの支援機関や団体を調べてみよう。また，どのような取り組みをしているのかを整理し，学校教育と比較してみよう。

　＜解答例＞

子ども食堂は，貧困層の子どもを中心に支援対象とし，食事の提供や学習支援を行っている。支援者は専門性を持たない一般地域住民であることも多い。そのため，教育の専門職が組織する学校とは異なる雰囲気で居場所を提供していると考えられる。

引用・参考文献

・阿部彩（2008）『子どもの貧困――日本の不公平を考える』岩波新書
・阿部彩（2018）『日本版子どもの剥奪指標の開発』Working Paper Series Vol.1，首都大学東京子ども・若者貧困研究センター
・国立大学法人お茶の水女子大（2014）『平成25年度全国学力・学習状況調査（きめ細かい調査）の結果を活用した学力に影響を与える要因分析に関する調査研究』
・Collins. P.H. and Bilge. S.（2020）Intersectionality 2nd edition, Polity Press.
・浜井浩一（2007）「非行・逸脱における格差（貧困）問題――雇用の消失により，高年齢化する少年非行――」『教育社会学研究』第80集，pp.143-162.
・保坂亨（2019）『学校を長期欠席する子どもたち――不登校・ネグレクトから学校教育と児童福祉の連携を考える』明石書店
・伊勢本大（2018）「一元化される教師の〈語り〉――「教師である」とはいかに語られるか――」『教育社会学研究』第102集，pp.259-279.
・Lister. R, ＝松本伊智朗監訳（2011）貧困とはなにか，明石書店
・盛満弥生（2011）「学校における貧困の表れとその不可視化――生活保護世帯出身生徒の学校生活を事例に――」『教育社会学研究』第88集，pp.273-294.
・野田正人（2016）「スクールソーシャルワークの価値」山野則子・野田正人・半羽利美佳編著『よくわかるスクールソーシャルワーク第２版』ミネルヴァ書房，pp.26-27
・小川利夫（1994）『社会福祉と社会教育――教育福祉論』亜紀書房

・岡山県（2018）『岡山県子どもの生活実態調査《報告書》』
・大阪府立西成高等学校著（2009）『反貧困学習――格差の連鎖を断つために』解放出版社
・山野則子（2016）「スクールソーシャルワークの意義」山野則子・野田正人・半羽利美佳編著『よくわかるスクールソーシャルワーク第２版』ミネルヴァ書房，pp.32-33.
・保田直美（2014）「学校への新しい専門職の配置と教師役割」『教育学研究』第81巻第１号，pp.1-13.

11 学校リスクと法律・判例

鬼澤秀昌

《目標＆ポイント》 本章では，次章以降で子どもや教職員のリスクに関わる法律的な分析をすることの前提として，学校リスクに関わる法律の体系及び基本的な概念について説明する。
《キーワード》 法律，民事上の責任・刑事上の責任・行政上の責任，賠償，補償

1．学校リスクと法律

学校教育の分野においては，数えきれないほどの法律が定められている。たとえば，教育方針については教育基本法，学校の運営については学校教育法，また，教育委員会の運営については，地方教育行政の組織及び運営に関する法律等が挙げられる。他方で，学校の損害賠償責任の有無が問題となる場合は，国家賠償責任（国家賠償法１条１項）や不法行為（民法709条）等も問題となる。そして，前者の法律と，後者の法律は，本来密接に関係している法律ではあるが，各法律の相互の関係性もわかりにくい。したがって，初めて学校教育の分野の法律に触れる場合は，それぞれ法律を一応読んでみても「よくわからない」と感じることも多いと思われる。

しかし，学校のリスクを法的観点から分析する場合，基本的な考え方を押さえることで，法律の理解や個別のリスク事象の分析が容易になる。そこで，本章では，リスクとの関係に基づき法律を分類したうえで

［第11章２.］，法的責任に関する概念の整理をし［第11章３.］，さらに，今後検討を深めるために判例の意義や読み方について簡単に説明したい［第11章４.］。

2. 学校教育の目的と法律の分類

（1） 学校教育の目的

「リスク」についてはさまざまな定義があるが，本書では，「目的に対する不確かさの影響」（リスクマネジメントの国際規格「ISO31000」の定める定義）のうちネガティブな面に限定して検討することとする。この定義からわかるのは，「リスク」というのは目的があって初めて生じるということである。

そこで，まずは義務教育の目的から検討したい。義務教育の目的は，教育基本法５条２項によると，①各個人の有する能力を伸ばしつつ社会において自立的に生きる基礎を培うこと，②国家及び社会の形成者として必要とされる基本的な資質を養うことと定められている。

そして，このような教育の目的を考えたときに目的達成を阻む可能性があるリスクは何だろうか。まず一つは，教育活動を行うためには，人，物，金，カリキュラム等が必要であるが，それらが不足していることが考えられる。また，教育活動を実施するための資源がそろっていたとしても，児童生徒が心身も健康に過ごすことができていなければ，やはり前述の目標の達成は困難である。したがって，前述の義務教育の目的を考えたときに，その達成を阻む大きなリスクとしては，①教育に必要な資源が確保できないこと，②児童生徒・教職員の安全が害されることである。

（2） 教育資源の確保

教育活動を行うためには，①子どもたちへの教育を行う教職員や，教職員の採用・育成・配置の検討等を担うための組織が必要である（人材・組織）。次に，②授業を行うためにはその授業を行うための場所・施設が確保されていなければならない（校舎等）。③そして，教職員を採用し，教育活動に必要な物品を揃えたりするためには，当然，そのための金銭が当然必要となる（予算）。④そのうえで，教育目的を達成するためのカリキュラムが必要である。また，これらの前提として，⑤子どもの周りにいる大人が，適切に子どもに教育を受ける機会を保障する必要がある。そして，これらの資源を確保し，「リスク」を回避するため，それぞれについて以下のようにさまざまな法律が定められている。

	法　律　名
①に関する法令	教育職員免許法，教育公務員特例法，公立義務教育諸学校の学級編制及び教職員定数の標準に関する法律，地方教育行政の組織及び運営に関する法律等
②に関する法令	学校教育法，小学校設置基準等
③に関する法令	義務教育国庫負担法，市町村立学校職員給与負担法等，私立学校助成振興法等
④に関する法令	学校教育法，学習指導要領
⑤に関する法令	憲法，教育基本法，学校教育法等

なお，児童生徒が学校において十分に学習をするためには，家庭における養育環境も整っている必要がある。また，学校の中には福祉的なサポートが必要な児童生徒も少なくないことから，完全に分断した思考は適切ではない。その意味では，生活保護や児童扶養手当，就学援助等に関する制度も，「適切に子どもに教育を受ける機会を保障する」ための

ものとして⑤に含めて整理することも可能である。

(3) 児童生徒や教職員の安全確保

他方，教育基本法の目的達成のためには，児童生徒のみならず教職員の安全も確保する必要がある。児童生徒の安全を確保する目的の法律としては，たとえば，学校教育法（11条但書の体罰の禁止等）や学校保健安全法があり，また，事故後の対応を定めているガイドラインである「学校事故対応に関する指針」，さらに，法律上明文で定められているわけではないが解釈上認められている義務として安全配慮義務等がある。いじめから児童生徒を守ることを目的としたいじめ防止対策推進法や，学校施設の安全を確保するために定められている建築基準法もこの目的の分類に含めて整理できる。なお，「安全配慮義務」は，国家賠償責任（国家賠償法１条），不法行為（民法709条）又は債務不履行責任（民法415条）の要件となる義務の内容として判例（なお，先例として事実上の拘束力を持つ最高裁判所の判決を「判例」，それ以外の判決は「裁判例」と区別する。）上に認められているものであり，学校リスクを分析するうえでは非常に重要な概念である。

また，教職員も管理職から指揮命令を受けその対価として給与を得て生活をしているという点で労働者である。教職員の安全を確保する法律という意味では，労働者が安全に勤務できるように使用者に対するさまざまな義務を定めている労働安全衛生法，また，労働時間等について定めている労働基準法等がある。教職員に関する労働法制については，詳細は第15章で言及する。また，学校は児童生徒のみならず教職員に対しても安全配慮義務を負っている。前述の施設の安全を確保するための建築基準法等も教職員の安全も確保することを目的としていると整理することができる。

（4） 本章の対象

以上のとおり，教育基本法５条２項に定めている目的を達成するために，必要な資源を確保するための法令，また，安全確保のための法令がパズルのように組み合わさって法体系全体を構成しているのである。そして，本章以降で扱うのは，このうちの特に後者のものである。

3. 法的責任に関する概念の整理

（1） 基本的な考え方

前述のとおり，教育分野には多種多様な法律がある。それぞれの法律には目的があることから，同じ事実を分析する場合であっても，法律ごとにその適用関係について判断することとなる。ただし，法律の条文だけ読んでも法的な分析は達成できない。法的分析を行うためにはこれらに違反した場合に生じる「法的責任」についても押さえておく必要があるからである。したがって，本節では，「法的責任」の考え方について整理をしたい。

（2） 法的責任の種類

学校における教育活動のなかで児童生徒や教職員に損害が発生したとき，児童生徒，教職員，学校等に法的な責任が発生する場合がある。そして，「法的責任」には，一般的に，①民事上の責任，②刑事上の責任，③行政上の責任の大きく３つに分類される。

民事上の責任のなかにもさまざまな類型のものがあるが，最も重要なのは，損害賠償責任等が認められた場合や，法律上の要件が満たされた場合等に発生する金銭の支払義務である。学校による行為については国家賠償法（国家賠償法１条又は２条）や債務不履行責任（民法415条），児童生徒による行為に関する責任は不法行為（民法709条）及びその保護者に関する責任は監督者責任（民法714条）に基づいて請求されることが多い。いずれも，何か損害が生じた場合にその損害について賠償をする義務を負う根拠である。

また，教員が勤務時間外に稼働している場合に，時間外手当（残業代）の支給が認められるか否かが問題となる場合，金銭的な請求権の有無が問題となっているので「民事上の責任」の問題に分類される。

次に，刑事上の責任は，禁固・懲役及び罰金等の刑を科されることである。たとえば，学校教育法11条但書で禁止されている体罰は刑法上の暴行罪や傷害罪等に該当し得るものであり，また，労働基準法117条以下や労働安全衛生法115条の３以下には刑罰も定められている。ある者に対して刑罰が科されるのは，法律上定められた要件に該当し，かつ，適法な裁判手続において法律上定められた犯罪成立の要件に該当する事実や，他に犯罪成立を否定する事実がないことが証明された場合に限られる。刑事裁判における資料が民事裁判において証拠として提出されることもあるが，刑事上の責任は，民事上の責任とは別に裁判所で審理・判断がされる。教職員であれば刑事訴訟法に基づいて通常の刑事裁判において審理・判断され，児童生徒が犯罪行為を行った場合には，少年法に基づき家庭裁判所において審理・審判がされることになる。また，たとえば，仮に教員が体罰を行った場合に刑事事件で罰金が科されたとしても，当該罰金は被害児童生徒・保護者に対する賠償に充てられるわけではない。民事上の責任については，各当事者が裁判所で訴えを提起することにより責任を追及することができる。他方，刑事上の責任については，被害児童生徒は，被害届や告訴状を警察や検察に提出したりすることはできるが，最終的には起訴するか否か，その場合の求刑をどうするかは検察官が決めるものである（刑事訴訟法247条及び248条）。

行政上の責任は，たとえば，公立学校の教職員に関する地方公務員法

29条に基づく懲戒処分や，（私立・公立を問わず）教育職員免許法11条に基づく免許状の取上げ等がある。これも，刑事上の責任や民事上の責任とは異なる責任なので，教職員が刑事上の責任や民事上の責任を負ったとしても，それとは別途行政上の責任（教員免許の取上げ等）を負うことになる。2021年６月，わいせつ行為を行ったことで刑罰を受けた教員について教員免許の再取得を制限する「教育職員等による児童生徒性暴力等の防止等に関する法律」が公布された。これはまさに「行政上の責任」についての議論になる。

（３） 民事上の責任を考える際のポイント

学校リスクについて法的に検討する場合，前記のとおり，さまざまな観点からの分析が可能であるが，本書では，特に民事上の責任を主に検討したい。民事上の責任について検討する際に重要なのは，必ず特定の個人又は団体の関係を分解して考えることである。そして，それぞれの関係ごとに，誰が，誰に対して，どのような根拠で何を請求することができるのかを検討することとなる。このような分析を考える際には，関係者を図で描き関係性を整理すると理解しやすくなる（〔図11-１〕参照）。これは，教職員が負うリスクを分析する場合においても同様である。

ここで，注意が必要なのは，「学校」の責任の位置付けである。「学校」は設置主体（自治体や学校法人）により設置された単なる施設に過ぎないことから（学校教育法２条１項参照），学校自体が法的な主体になることはできない。以下では，便宜上「学校の責任」という書き方をしているが，「学校の責任」というのは，法的に言えば，設置者（自治体や学校法人等）の責任ということになる。

たとえば，いじめ問題の場合，関係者としては加害者とされる児童生徒，被害者とされる児童生徒，教職員個人，学校，保護者等がいる。被

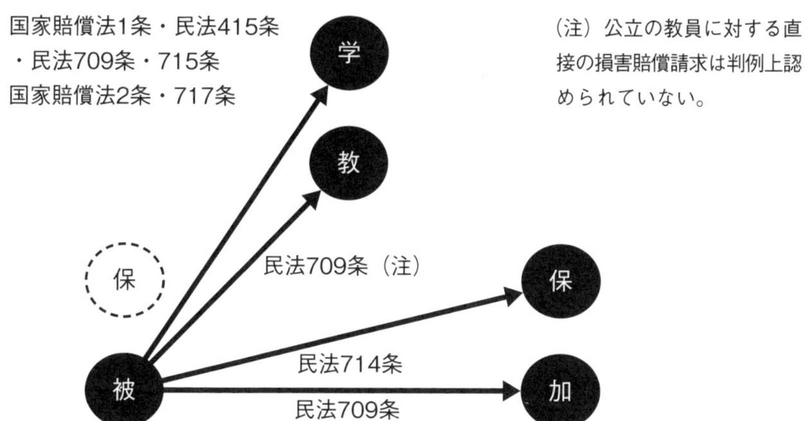

被害者⇒学校（児童生徒間のいじめを認識しつつこれを教員・学校が止めなかった場合に，学校（の設置者）に対して損害賠償請求をする）
被害者⇒教員（教員が児童生徒に対して体罰を行い傷害を生じさせた場合に，当該児童生徒が教員に対して損害賠償請求をする）
被害者⇒保護者（加害児童生徒が被害児童生徒に対してわざとけがをさせた場合で，加害児童生徒の責任能力が否定される場合に，当該加害児童生徒の保護者に対して損害賠償請求をする）
被害者⇒加害者（加害児童生徒が被害児童生徒に対してわざとけがをさせた場合に，被害児童生徒が加害児童生徒に対して損害賠償請求をする）

図11-１　学校リスクにおける法的関係

害者とされる児童生徒と他の関係者の法律関係を考えてみると，加害者とされる児童生徒との関係（民法709条），当該児童生徒の保護者との関係（民法714条），教職員個人との関係（民法709条），学校との関係（国家賠償法１条等）の成否をそれぞれ分析していくことになる。これを関係図にすると〔図11-１〕のとおりとなる。

〔図11-１〕に記載された各請求を大きく分けると個人に対する責任追及（教職員，保護者，加害児童生徒に対する請求。民法709条，714条。），違法な行為により生じた損害に関する組織に対する責任追及（学校に対する請求。国家賠償法１条・民法415条・民法709条・民法715条。），施設等により生じた損害に関する組織に対する責任追及（学校に対する請求。国家賠償法２条・民法717条。）と分けられる。

ここで，学校事故等の裁判の中では，安全配慮義務違反の有無が重要な争点になることが多い。この「安全配慮義務」とは，「児童の生命，身体，精神，財産等に大きな悪影響ないし危害が及ぶおそれがあるようなときには，そのような悪影響ないし危害の現実化を未然に防止するため，その事態に応じた適切な措置を講じる一般的な義務」である。安全配慮義務は，前記法律関係のうち，学校に対して組織としての責任を追及する際，国家賠償法１条１項，民法709条又は民法415条に基づく損害賠償請求に関する解釈として問題となる。そして，安全配慮義務自体は抽象的な義務であるため，「いつ」「何をしなければならないか」という具体的な義務の内容は，法令やその事案の事実関係をふまえて事案ごとに定められることとなる。

また，学校が施設等の工作物について負う責任が問題となるのは，プールの設備に起因する事故（大阪地方裁判所　昭和56年２月25日判決・判例タイムズ449号272頁），サッカーゴールの転倒による事故（岐阜地方裁判所　昭和60年９月12日判決・判例時報1187号110頁）等が考えられる。学校事故の分野では，学校の施設の不備に起因する事故が少なくないことから，工作物責任（国家賠償法２条・民法717条）についても重要な論点となる。

（４）　賠償と補償

第11章３.（３）で説明した民事上の責任（損害賠償責任）は，学校，教職員，保護者又は児童生徒の対応が法律上定められた要件を満たす場合にしか発生しない。しかし，学校においては，各関係者がたとえ十分に注意したり，施設の安全性を十分確保したりしていたとしても防げない事故等も発生する。そのように民事上の責任（損害賠償責任）等が発生しない場合であっても，法律上，その損害について金銭が支払われることが定められている場合がある。その例が，児童生徒に関していえば独立行政法人日本スポーツ振興センター（以下「日本スポーツ振興センター」という。）の災害共済給付，また，教職員に関しては労働災害給付である。このように，学校，教職員又は児童生徒の責任の有無にかかわらず，金銭が支払われることを，ここでは「補償」という。

日本スポーツ振興センターとは，独立行政法人通則法（平成11年法律第103号）及び独立行政法人日本スポーツ振興センター法（平成14年法律第162号）に基づき設立された独立行政法人である。日本スポーツ振興センターでは，保護者が同意をしている場合で，かつ，「学校の管理下」（独立行政法人日本スポーツ振興センター法16条1項）での事故であると認められた場合には，災害共済給付を支給する。日本スポーツ振興センターが災害共済給付を支給するか否かの判断基準はあくまでも「学校の管理下」であるか否かであり，学校が法的な責任を負うか否かとは別に判断される。たとえば，桐生市で小学6年生の小学生女子児童がいじめを苦にして自死をした事件において，桐生市等に対する国家賠償請求に関する裁判では，裁判所は自死についての学校の責任までは認めなかったものの（前橋地方裁判所　平成26年3月14日判決・判例時報2226号49頁），日本スポーツ振興センターに対して死亡見舞金を請求した別の裁判では「学校の管理下」における事故として死亡見舞金の全額の支給が認められた（宇都宮地方裁判所　平成28年10月20日判決・ウェストロージャパン〔2016WLJPCA10206006〕）。他方で，学校内における事故であっても，休日で教職員が監督していない場面での事故等のように「学校の管理下」とは言えない場合には，災害共済給付の対象外となる。

また，教職員は労働者としての地位にあることから，勤務中に傷害を負った場合，学校の帰責性の有無にかかわらず，国立学校又は私立学校の教員であれば労働災害補償保険法に基づく保険給付（公立学校の教職員であれば地方公務員災害補償法に基づく療養補償等）が支給される。いずれの法律においても，当該損害が生じた際には「業務（公務）」をしていたのか（業務遂行性），②「業務（公務）」により発生したものと言えるのか（業務起因性）の２点が問題となる。そのため，特に労働時間としての性質があいまいな部活動等において損害が生じた場合は，これらの要件の該当性が争われており，重要な判決が下されてきた（詳しくは第13章２.（３）参照）。

なお，日本スポーツ振興センターから支給される災害共済給付についても，また，労働災害補償保険法に基づいて支給される保険給付についても，いずれも学校が民事上の責任を負う場合であっても給付されるものである。そのため，災害共済給付や保険給付が行われたのち，裁判で学校に民事上の責任（国家賠償法１条１項や民法709条，民法415条に基づく損害賠償責任等）が認められた場合，これらの災害共済給付や保険給付に対応する損害の部分は控除されることとなる（地方公務員災害補

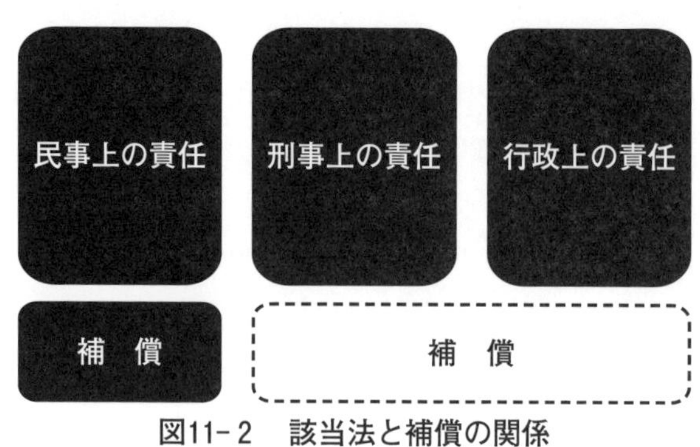

図11-２　該当法と補償の関係

償法58条１項，独立行政法人日本スポーツ振興センター法31条１項等参照。)。

以上の整理をまとめると，法的な責任には，民事上の責任，刑事上の責任，行政上の責任があり，また，それとは別に各責任を負うか否かにかかわらず，児童生徒又は教職員に生じた損害を補償する制度がある〔図11-２〕。

（５） 具体例の検討

たとえば，以下のような具体的な例を考えてみたい。

教員が生徒に対し，体育の時間に長距離走をするように指示したところ，当該生徒は熱中症となってしまった。その結果，当該生徒は，病院で治療することとなり治療費がかかった。

生徒は，体育の授業中に熱中症になり，病院に対する治療費等の支出が実際に生じている。そして，これは「学校の管理下」で起きた事故なので，日本スポーツ振興センターの災害共済給付の対象になる。また，もし，教員及び学校の安全配慮義務の違反が認められれば，学校は，国家賠償法に基づき少なくとも治療費について損害賠償責任を負うことになる（民事上の責任)。ただし，日本スポーツ振興センターより災害共済給付として治療費の支給を受けた場合には，学校が国家賠償法に基づき負う損害賠償責任のうち，当該災害共済給付に対応する部分は損益相殺として差し引かれることとなる。

また，教員の過失により，当該生徒の熱中症が起きたと認められれば，当該行為は「業務上過失致傷罪」（刑法211条）に該当する（刑事上の責任)。したがって，その場合，当該教員は「五年以下の懲役若しくは禁錮又は百万円以下の罰金」が科される可能性がある。

さらに，当該行為の悪質性が強ければ，当該教員は，地方公務員法に基づき懲戒処分を受ける可能性がある（行政上の責任）。なお，もし当該教員が禁固以上の刑に処せられた場合には，教育職員免許法10条１項１号に基づいて教育職員免許が失効することとなる。

以上のとおり，一つの学校におけるリスクについて法的に分析する場合には，民事上の責任，刑事上の責任，行政上の責任それぞれの観点から分析することとなる。

4．学校リスクと裁判例

（1） 法律と裁判例

第11章３．までに，学校リスクに関わる法律について解説した。最後に，簡単に「裁判例」についても説明したい。基本的には，裁判例は法律とは関係なく存在するわけではなく，法律の解釈が問題となる場合に，「裁判例」によってその解釈が示されていくこととなる。ただし，判決で法律解釈を示すのはその必要がある場合に限られるため，法律解釈について判断を示していない判決も当然あるので注意いただきたい。

たとえば，国家賠償法１条１項に基づき「公務員」（教職員）が故意又は過失により損害を生じさせ，当該「公共団体」（自治体）が損害賠償責任を負う場合，当該公務員（教職員）個人が責任を負うか否かは，国家賠償法には定められていない。そして，この点について，最高裁判所は，国家賠償法１条１項の解釈として，公務員が故意又は過失により損害を与え，「公共団体」が国家賠償法１条１項に基づいて損害賠償責任を負う場合，当該公務員個人は民法709条に基づいて不法行為責任を負わないと解釈しており〔図11-１〕に記載しているとおり，その解釈が現在の判例として確立している（最高裁判所　昭和30年４月19日判決・民事判例集９巻５号534頁）。

以上のように，裁判例又は判例について検討する場合は，どの法律の解釈が示されているのか，という点に留意することが重要である。

（2）　判決の活用法

判決は基本的に過去の起きた事件について，当事者の主張立証を踏まえて裁判所が事実認定を行い，法的な権利義務の有無に関して下した判断が記載されているものである。したがって，あくまでも，事後的にその対応について評価しているにすぎない。しかし，実際に起こった事故について，事故が起きた経過を詳細に認定しているため，最も「現実」に近いケースとも言える。また，実際に起きた事故の詳細な事実関係を学ぶことで，予防策の必要性及び重要性をより深く理解することができる。

裁判例を直接読むこと自体はハードルが高いかもしれないが，裁判所のホームページでも裁判例を検索することが可能である。もし機会があればぜひ読んでみていただきたい。

（3）　判決の読み方

最後に，裁判例の判決を読む場合の読み方について簡単に説明したい。判決は，一定のルールに従って書かれているため，そのルールを知っておくことで，判決を読み解きやすくなる。ただし，法律上，厳格に判決の書き方が決まっているわけではなく，裁判例によって項目の立て方は微妙に異なるうえ，特に平成２年以前の判決は構成が異なるため注意していただきたい。判決の理由の部分については，大まかに言えば以下のような構成が多い。

まず，「第１　請求」は当事者が求める裁判（損害賠償請求権であれば，「被告は，原告に○○円及びこれに対する平成○年○月○日から支

第１　請求
第２　事案の概要
　１　事案の概要
　２　争いのない事実等
　３　争点
　４　争点に対する当事者の主張
第３　争点に対する判断（当裁判所の判断）
　１　認定事実
　２　争点①
　３　争点②

払済みまで年〇分の割合による金員を支払え」等の記載となる。）を記載しており，第２の１「事案の概要」の部分では，どのような法的根拠に基づいて請求がされているのか，簡単に記載している。そして，場合によっては記載がないものもあるが，「第３の１」として最初に裁判所が認定した事実関係を時系列で記載されているものがある。

以上のような構造を踏まえると，以下のようなプロセスを踏んで判決を読み込むと全体像が理解しやすくなる。

① 第２の１「事案の概要」を読み，当事者の請求の内容及び根拠を理解し，裁判所が審理しようとしている対象を把握する。
② 第３「争点に対する判断」（又は「当裁判所の判断」）の中で裁判所が認定した事実がまとまって記載されている場合，当該事実を読む。
③ 第３「争点に対する判断」の各争点に関する裁判所の判断を読む。
④ 裁判所の判断の前提となる各当事者の主張を確認したい場合は，第２に記載されている「争点に対する当事者の主張」を読む。

以上，もし本書を読むなかで気になる裁判例があれば，ぜひ以上の内容を参考にしていただき，その解読にチャレンジしていただきたい。

5. 最後に

本章では，学校リスクを法的に分析する上で理解の手助けとなる内容を記載した。ただし，いずれも抽象的な議論になるので，必ずしも理解が容易ではないかもしれない。その場合には，一度，具体的な議論が説明されている14章及び15章を読んでから本章を読み直すとより理解が深まると思われる。

学習課題

1．児童生徒や教職員の安全を守るために定められている法律をそれぞれ1つずつ挙げなさい。

（解答例）

学校保健安全法，労働安全衛生法

2．学校事故が起きた場合に検討すべき法的責任の種類を3つ挙げなさい。なお，異なる条文に基づき生じる責任であっても，同じ種類の法的責任である場合は1つとして数えるものとする。

（解答）

民事上の責任，刑事上の責任，行政上の責任

3．日本スポーツ振興センターから災害共済給付が支給される要件について，国家賠償法に基づく損害賠償責任との違いも踏まえて簡潔に説明しなさい。

（解答）

災害共済給付の支給は，「学校の管理下」であるか否かが要件とされており，学校が国家賠償法に基づく法的責任を負うか否かに関係なく行われるものである。

引用・参考文献

・勝俣良介（2017）『世界一わかりやすいリスクマネジメント集中講座』オーム社
・石坂浩・鬼澤秀昌編著（2020）『実践事例からみるスクールロイヤーの実務』日本法令
・望月浩一郎「判例から見た熱中症事故の予防と対策」『季刊教育法』187号（2015年12月）
・家原尚秀「民事判決書の在り方についての一考察」『東京大学大学院ローレビュー』Vol.10（2015年11月）

12 児童生徒のリスクの法的分析

鬼澤秀昌

《目標＆ポイント》 本章では，前章で確認した法的な考えをもとに児童生徒に関する学校におけるリスクについて学ぶ。
《キーワード》 いじめ，体罰，わいせつ行為，学校事故，個人情報

1. 児童生徒に関するリスクの分類方法について

本章では，児童生徒に関する学校におけるリスクについて説明する。学校の構成要素は，人，物，情報である。そして，児童生徒が負っているリスクは，人（教師及び児童生徒）からのリスク，物（学校施設等）からのリスク，情報（個人情報等）からのリスクと分類することができる。

2. 人から生じるリスク

（1） 児童生徒からのリスク

〈ア〉いじめの定義

いじめのリスクを把握するうえでまず押さえておくべき資料は，毎年文部科学省が発表している「児童生徒の問題行動・不登校等生徒指導上の諸課題に関する調査結果」（以下「問題行動調査」という。）である。以下は，令和元年度の問題行動調査における「いじめの認知（発生）件数の推移」に関するグラフである〔図12-1〕。

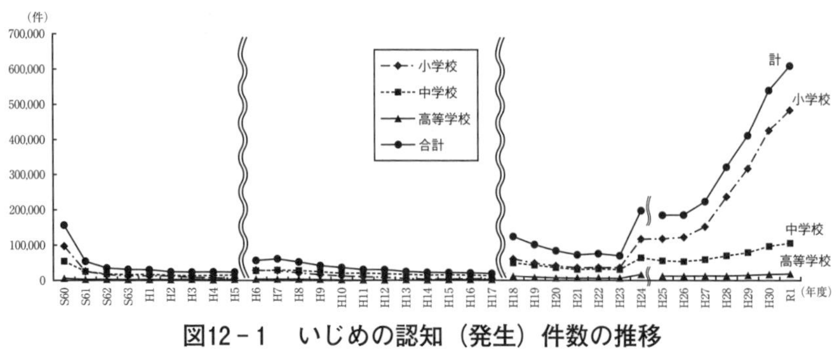

図12－1　いじめの認知（発生）件数の推移

現在の問題行動調査における「いじめ」の定義は，「児童生徒に対して，当該児童生徒が在籍する学校に在籍している等当該児童生徒と一定の人的関係のある他の児童生徒が行う心理的又は物理的な影響を与える行為（インターネットを通じて行われるものも含む。）であって，当該行為の対象となった児童生徒が心身の苦痛を感じているもの」であるが，この定義が採用されたのは平成25年度の問題行動調査からである。

この定義は，昭和61年度から問題行動調査において利用された定義と比較するとその特徴をつかみやすい。昭和61年度からの定義は「①自分より弱い者に対して一方的に，②身体的・心理的な攻撃を継続的に加え，③相手が深刻な苦痛を感じているものであって，学校としてその事実（関係児童生徒，いじめの内容等）を確認しているもの。なお，起こった場所は学校の内外を問わないもの」である。この昭和61年度の定義と比較すると，関係性（自分より弱い者），双方向性（一方的に），行為態様及び主観（攻撃），継続性（継続的に加え），被害の深刻さ（相手が深刻な苦痛を感じているもの）などの要件がなくなっていることがわかる。これは，以上のような理由で，いじめが見逃されてしまうことを避けるために，徐々に定義が拡大した経緯がある。ただし，現在の定義は，いじめの早期発見の観点からは有益であるが，行為者の主観や関係性等も一切考慮せずに，行為を受けた児童生徒の心身の苦痛のみを基準としていることから，深刻な「いじめ」の実態をとらえるのが困難である。

なお，国際比較の研究では，英語の「bullying」という用語が特権的な地位を占めており，「反復と力の不均衡を伴って意図的に他の人に危害を与える行動」として，比較的明確に定義されている旨が指摘されている[1)]。

〈イ〉いじめ行為に関する児童生徒の民事責任，刑事責任

いじめが行われた場合には，加害児童生徒が民事上又は刑事上の法的責任を負う可能性がある。なお，いじめ防止対策推進法２条に定める「いじめ」があったとしても，その意味での「いじめ」の加害者が必ずしも民事上又は刑事上の責任を負うことにはならない点は注意が必要である。

まず，加害児童生徒の行為に不法行為責任が認められれば，児童生徒本人が民法709条に基づき損害賠償責任を負う可能性がある。ただし，加害児童生徒が民法712条により責任能力が認められない場合もある。ここで，加害児童生徒が民法712条に基づき責任能力が認められるか否かは，明確な基準はなく個別に判断されることとなる[2)]。

また，加害児童生徒が14歳以上であり，いじめ行為が刑法等の刑罰法規に抵触する場合，少年法に基づき処分（保護観察，少年院送致等）がされる可能性がある（少年が故意に被害者を死亡させ，その罪を犯したとき16歳以上であった場合には，原則として「検察官送致」といって成人と同様に刑事裁判にかけられることとなる。）。

〈ウ〉いじめ行為に関する教員及び児童生徒の保護者の責任

いじめ防止対策推進法上，学校は，いじめの疑いが生じた場合には，

1）　ピーター・K・スミス『学校におけるいじめ　国際的に見たその特徴と取組への戦略』（学事出版，2016）53頁。

2）　大審院大正10年２月３日判決・大審院民事判決録27輯193頁は12歳７か月の少年の責任能力を否定し，他方，大審院大正４年５月12日判決・大審院民事判決録21輯692頁では11歳11か月の少年の責任能力を肯定している。

同法23条２項に基づいて調査を行い，また，「重大事態」（同法28条１項各号）に該当する場合には学校の設置者または学校に組織を設置して調査等を行わなければならない。

また，第11章２.（３）で述べたとおり，学校や学校の設置者は，「他の生徒の行為により生徒の生命，身体，精神，財産等に大きな悪影響ないし危害が及ぶおそれが現にあるようなときには，そのような悪影響ないし危害の発生を未然に防止するため，その事態に応じた適切な措置を講ずる義務」[3]（安全配慮義務）を負っている。ただし，詳細は本書では割愛するが，同じ「安全配慮義務」であっても，具体的な注意義務（いつ，誰が，何をすべきだったか）の内容は，具体的な事情によって変わってくる。

なお，被害児童生徒がいじめの影響で学校への通学が困難となる場合もある。そのような状況にある児童生徒は，「不登校児童生徒」（義務教育の段階における普通教育に相当する教育の機会の確保等に関する法律２条３号，義務教育の段階における普通教育に相当する教育の機会の確保等に関する法律第二条第三号の就学が困難である状況を定める省令）に該当し得る[4]。出席扱いにするか否かは校長の裁量に属することである（学校教育法施行規則25条参照）が，学校は，前述の法律等の趣旨を踏まえ，「不登校児童生徒への支援の在り方について（通知）」（令和元年10月25日）に基づいて，ＩＣＴ等を活用した学習活動も活用し，当該生徒の学習状況や出席状況にも配慮する必要があると考えられる。

なお，加害児童生徒が民法709条の不法行為に該当するいじめ行為を行ったものの民法712条に基づき責任を負わない場合，民法714条に基づき監督義務者である保護者が責任を負うこととなる。ただし，監督義務者（保護者）がその義務を怠らなかったとき，又はその義務を怠らなく

３）　東京高等裁判所平成６年５月20日判決・判例タイムズ847号69頁。

４）　「義務教育の段階における普通教育に相当する教育の機会の確保等に関する法律第二条第三号の就学が困難である状況を定める省令」の「不登校」の定義と，問題行動調査における「不登校」の定義に若干違いがあることに注意が必要である。

ても損害が生ずべきであったときは監督義務者（保護者）は責任を負わない[5)]。また，加害児童生徒が民法714条の適用を受けない場合であっても，監督義務者が709条に基づき子とは別途責任を負う可能性もある[6)]。

〈エ〉学校風土の重要性

いじめ防止対策推進法では，いじめが起きた場合に早期発見・早期対応の具体的内容が定められており，具体的ないじめ予防の方法についてはあまり明確に定められていない。

しかし，第２章及び第３章において説明されているとおり，学校事故についても科学の力でその事故自体が起きないように予防する取り組みがされている。いじめについても世界的にさまざまな研究もされており，そのような知見を活用して，予防に注力することが重要である。ここでは，「学校風土」について紹介したい。

学校風土とは，学校やクラスの雰囲気である。学校風土を改善することでいじめの予防だけでなく，他の発達リスクの予防，さらには学力の向上にも効果が期待できると言われている[7)]。学校風土は，通常相当の数の質問項目があるが，さらにいじめの予防の観点で重要なのは以下の５つと言われている[8)]。

①　この学校の児童生徒は，一人一人のちがいを大事にされている（多様性の尊重）

②　この学校の児童生徒は，学校の活動を友だちと一緒にすることを楽しんでいる（児童生徒同士の関係性）

③　この学校の児童生徒と先生の関係はいい（教師の行動）

④　私の担任の先生は，私に自信を持たせてくれる（教師の行動）

5）最高裁判所平成27年４月９日判決・最高裁判所民事判例集69巻３号455頁では，714条１項但書に基づく保護者の監督責任の免除が認められた。

6）最高裁判所昭和49年３月22日最高裁判所民事判例集28巻347頁。

7）和久田学「いじめのエビデンス（10）「学校風土」という魔法の杖（つえ）」（教育新聞2019年２月25日）。

8）公益社団法人子どもの発達科学研究所・論文投稿中。

⑤　この学校の先生は，いじめなどをしっかりと注意してくれる（教師の行動）

これらの内容のうち３つは教員の態度に関係しており，いじめの予防においていかに教員の態度が重要かを理解できる。

今後は，学校風土の向上をいかに達成できるかが，いじめ対策のポイントとなると考えられる。

〈オ〉ネットいじめ

現在，学校現場で対応に苦慮しているのはＳＮＳ等におけるいじめである。ＳＮＳの発達によって児童生徒が使うツールも多様化している。さらに，匿名での投稿による誹謗中傷であったり，個別のメッセージのやりとりの中で悪口が言われたりすることもあるため，その性質上教員が直接認知するのは非常に困難である。

一般論としては，学校または教員が，児童生徒に実際に危害が加えられていることまたはその恐れがあることを知りながら対応をしなかった場合には，学校または教員にいじめを防止しなかったことについて法的責任が生じる可能性は否定できない。ただし，前述のネットいじめの特性を踏まえれば，学校の施設内におけるいじめ行為と比べてその責任は認められにくいと思われる[9)]。

（２）　教師からのリスク

〈ア〉「体罰」とは

学校教育法11条には「校長及び教員は，教育上必要があると認めるときは，文部科学大臣の定めるところにより，児童，生徒及び学生に懲戒を加えることができる。ただし，体罰を加えることはできない。」と定められている。そして，「体罰」の定義について，文部科学省「体罰の禁止及び児童生徒理解に基づく指導の徹底について（通知）」（平成25年

9）和久田学『学校を変えるいじめの科学』73頁にネットいじめと従来型いじめの関連についての研究が紹介されている。現時点では，両者の関連を肯定する研究結果も，否定する研究結果もあるようである。

3月13日）は「その懲戒の内容が身体的性質のもの，すなわち，身体に対する侵害を内容とするもの（殴る，蹴る等），児童生徒に肉体的苦痛を与えるようなもの（正座・直立等特定の姿勢を長時間にわたって保持させる等）」を「体罰」と定めている。そして，その判断にあたっては「当該児童生徒の年齢，健康，心身の発達状況，当該行為が行われた場所的及び時間的環境，懲戒の態様等の諸条件を総合的に考え，個々の事案ごとに判断する必要がある。この際，単に，懲戒行為をした教員等や，懲戒行為を受けた児童生徒・保護者の主観のみにより判断するのではなく，諸条件を客観的に考慮して判断すべき」とされている。

なお，体罰については，いじめ行為の違法性の判断方法と異なり，裁判例上「体罰」該当性と不法行為の該当性は同一に判断されている事例が多い。たとえば，教師の生徒に対する行為について不法行為該当性が争われた最近の事案として，最高裁判所平成21年4月28日判決・最高裁判所民事判例集63巻4号904頁（否定），仙台高等裁判所平成31年2月1日判決・ウエストロージャパン〔2019WLJPCA02016004〕（肯定），大阪地方裁判所平成31年3月27日判決・判例タイムズ1464号60頁（否定），東京地方裁判所平成30年8月9日判決・ウェストロージャパン〔2018WLJPCA08098014〕（肯定）がある。

なお，身体に接触する形での指導はすべてが体罰になるわけではなく，前述の通知においては，①児童生徒から教員等に対する暴力行為に対して，教員等が防衛のためにやむを得ずした有形力の行使や，②他の児童生徒に被害を及ぼすような暴力行為に対して，これを制止したり，目前の危険を回避するためにやむを得ずした有形力の行使の場合には，体罰にはあたらないとされている。前述の通知では，前者の例として「児童が教員の指導に反抗して教員の足を蹴ったため，児童の背後に回り，体をきつく押さえる場合」，後者の例として「休み時間に廊下で，他の児童を押さえつけて殴るという行為に及んだ児童がいたため，この児童の両肩をつかんで引き離す。」というような例が挙げられている。

〈イ〉 わいせつ行為等

また，文部科学省は，毎年「わいせつ行為等に係る懲戒処分等の状況（教育職員）」を公表している。「わいせつ行為等」とは，わいせつ行為（強制性交等，強制わいせつ（13歳以上の者への暴行・脅迫によるわいせつ行為及び13歳未満の者へのわいせつ行為），公然わいせつ，わいせつ物頒布等，買春，痴漢，のぞき，陰部等の露出，青少年保護条例等違反，不適切な裸体・下着姿等の撮影（隠し撮り等を含む。），わいせつ目的をもって体に触ること等）及びセクシュアルハラスメント（他の教職員，児童生徒等を不快にさせる性的な言動等）と定義されている。

教員によるわいせつ行為等を防ぐため厳罰化が叫ばれているが，被害の深刻化のリスクを減らすためには，小さなリスクであってもお互いに注意し合うことができる関係づくりが大切だと思われる[10)]。

〈ウ〉 学校事故

前述〈ア〉及び〈イ〉のように教員が直接危害を加える行為（作為）が問題となる場合だけでなく，教員の不作為も問題となる。

たとえば，児童間のいじめについても教員が十分な対応をとらないことでいじめ被害が深刻化する。また，教員の対策が不十分で熱中症の事故[11)]，給食におけるアレルギー事故等が起こることがある。

〈エ〉 教員に生ずる責任

教員が体罰を行った場合，また，わいせつ行為等を行った場合のいずれの場合にも，教員に民事上の責任，刑事上の責任，懲戒処分等の行政上の責任が問われることとなる。ただし，公立学校の教員の場合，教員個人が故意に損害を負わせた場合であっても，公務員個人は責任を負わ

---

10) たとえば，『季刊教育法』195号（2017年12月）62頁では，「小さな気づきを出していく教師を徹底的に褒めていく」という実践例が紹介されている。

11) 熱中症事故については，第11章の参考文献として挙げている望月の論考が非常に参考になると思われる。

ないことが最高裁の判例として確定している（最高裁判所昭和30年４月19日判決・最高裁判所民事判例集９巻５号534頁）。公立学校の教員は公務員であるため，公立学校の教員個人が被害児童生徒や保護者に対して直接民事責任は負わず，故意又は重大な過失がある場合に，国または地方公共団体から求償を受けることとなる（国家賠償法１条２項）[12)]。

「性行為」の範疇に含まれるような身体的接触は，閉じた空間の中で行われることが，セクシャル・ハラスメントを見えにくくしている要因の一つであること等が指摘されている[13)]。したがって，その証拠も被害児童生徒らの供述しかないことも少なくなく，事実認定も専門家の知見を得て慎重に行うことが重要である。

また，2021年６月４日に「教育職員等による児童生徒性暴力等の防止等に関する法律」が公布された。同法はさまざまなことを定めているが，特に「児童生徒性暴力等」を理由として教員免許状が失効した教員等（特定免許状失効者等）の教員免許状の再授与を制限している点が重要である。

3．物（学校施設等）から生じるリスク

（1）　施設の安全性の確保

生徒の学校のリスクを考える上で欠かせないのは，学校施設から生じるリスクである。この学校施設から生じるリスクには，①学校施設により傷害を負わせてしまう場合と，②学校施設の安全性が不十分であることにより第三者による加害ができてしまう場合と２つの場合がある。

特に前者の場合で，「公の営造物の設置又は管理に瑕疵があつた」場合，「国または公共団体」が国家賠償法１条１項ではなく，同法２条１

12）　福岡高等裁判所平成29年10月２日判決・判例地方自治434号60頁では，大分県が教師に対して求償権を行使しなかったことが違法として認められた。

13）　内田良『学校ハラスメント 暴力・セクハラ・部活動——なぜ教育は「行き過ぎる」か』（朝日新書，2019）96頁。また，実際に性加害を行った教員に対して肉薄したルポとして池谷孝司『スクールセクハラ なぜ教師のわいせつ犯罪は繰り返されるのか？』（幻冬舎，2014）がある。

項に基づいて損害賠償責任を負うこととなる。

「公の営造物」の概念は広く，校舎やグラウンド，プール等の土地建物のみならず，サッカーゴールやハンマー投げのハンマー等の設備も「公の営造物」に含まれる。

また，国家賠償法２条１項に基づく責任が同法１条１項の責任と異なるのは，無過失責任であることである。すなわち，国または公共団体に責任が発生するのは「設置又は管理に瑕疵があつた」場合であり，「設置又は管理に瑕疵」があれば，国または公共団体の過失の有無を問わない。ここで，「瑕疵」とは，「通常有すべき安全性を欠く」か否かにより判断する[14)]。私立学校の場合は，その学校法人が設置した工作物に瑕疵があり事故が生じた場合，学校法人が民法717条に基づき責任を負うこととなるが，この責任も無過失責任である。

学校における設備について国家賠償法２条１項に基づく責任の有無を判断した最近の事例としては，ハンマー投げによる負傷（名古屋高等裁判所令和元年10月17日判決・ウエストロー・ジャパン〔2019WLJPCA10176005〕）・肯定，校舎の窓からの転落（広島地方裁判所平成30年３月30日判決・判例時報2392号35頁）・肯定，プール（奈良地方裁判所平成28年４月28日判決・判例地方自治423号72頁）・肯定，女子トイレの瑕疵（山形地方裁判所平成26年３月11日判決・ウエストロー・ジャパン〔2014WLJPCA03116001〕）・否定等　がある。

（２） 学校外におけるリスク

〈ア〉 学校のリスク管理の範囲

基本的には，学校がリスク管理をできるのは学校の施設内である。しかし，実際には，学校の施設外であっても学校が法的に責任を負う場合や，法的責任は負わないまでも社会的に学校に対応が要請されているも

14） 設備の瑕疵の補修等には大きな費用がかかることも少なくないが，瑕疵の有無にあたっては基本的には予算上の制約の有無も関係ない（最高裁判所昭和45年８月20日判決・最高裁判所民事判例集24巻９号1268頁参照）。

のがある。以下そのような場合について内容を検討する。

〈イ〉修学旅行等の校外学習

まず，学校外の事故において学校が法的責任を負う例としては，修学旅行や校外学習における事故である。具体的には，修学旅行中における水難事故（横浜地方裁判所平成23年５月13日判決・判例時報2120号65頁），雪山登山での雪崩事故（最高裁判所平成２年３月23日判決・最高裁判所裁判集民事159号261頁）等さまざまな裁判例がある[15]。

〈ウ〉通学路の安全確保

また，通学路については，学校施設の外ではあり，実際，訴訟で通学路における事故について学校の責任が認められた事例は見当たらない。

しかし，文部科学省等の通知では通学路の安全の確保が呼びかけられている[16]。また，学校は学校保健安全法27条に基づき学校安全計画及び危険等発生時対処要領の作成が義務付けられており，その参考資料として作成されている「学校の危機管理マニュアル 作成の手引」[17]においても，通学路の安全点検をすべきことが明記されている（10頁）。さらに，スポーツ振興センターにおいても，通学路における事故は通常の経路における事故である限り「学校の管理下」として災害共済給付の対象となる[18]。

学校保健安全法30条は警察や関係団体，住民等との連携に努めることとしており，学校に一義的な責任を課している訳ではないものの，一定程度の安全確保の義務が学校に課されているのが現状である。学校外であっても児童生徒の安全を守る必要があることに異論はないと思われる

15）　古笛恵子編著『学校事故の法律相談』（青林書院，2016）にさまざまな事例が掲載されているので参考にしていただきたい。

16）　文部科学省・国土交通省・警察庁「通学路の交通安全の確保に向けた着実かつ効果的な取組の推進について」（平成25年12月６日），文部科学省「通学路の交通安全の確保の徹底について」（平成31年３月８日）。

17）　https://anzenkyouiku.mext.go.jp/mextshiryou/data/aratanakikijisyou_all.pdf

18）　独立行政法人日本スポーツ振興センター法施行令５条２項４号，独立行政法人日本スポーツ振興センター災害共済給付の基準に関する規程・学校の管理下の範囲（施行令５条２項及び省令26条）（注52）。

が，教員の負担を考えるうえでも，学校が責任を負う範囲については整理が必要と思われる。

4. 情報により生じるリスク

（1） 個人情報

現在，いじめ防止対策推進法に基づいて，児童生徒や保護者に対して調査結果等を提供することが増えているが，個人情報保護条例に定められている例外に該当しない限り，本人（及び保護者）の同意なく個人情報を提供することはできないことに注意が必要である。

ただし，いじめ防止対策推進法と個人情報保護法及び個人情報保護条例の関係については明確でなく，今後さらなる議論が必要である。

また，教員は成績や家庭情報等の生徒の個人情報を持っており，そのような個人情報が含まれた書類やUSBメモリ等を紛失することがある。これらによる個人情報の漏洩も児童生徒にとっては大きなリスクである。学校・教育委員会では，年度初めである4月や，学期末・成績処理の時期である7月・3月に事故が多い点は特徴的である[19]。

（2） 肖像権

児童生徒は，「みだりにその容ぼう・姿態を撮影されない自由」を有している[20]。パソコンが1人1台支給され，オンライン授業が行われれば，その映像に児童生徒の姿が映ること等も考えられる。

学校としては，あらたに子どもたちにとって児童生徒の肖像権及び個人情報に関するリスクが生じることとなる可能性にも十分に留意し，その場合の映像の管理や，同意等について適切に対応することが必要である。

19） 教育ネットワーク情報セキュリティ推進委員会「令和2年度(2020年度)学校・教育機関における 個人情報漏えい事故の発生状況―調査報告書―第1.1版」p7。

20） 最高裁判所昭和44年12月24日判決・最高裁判所刑事判例集23巻12号1625頁。

学習課題

1．現在のいじめ防止対策推進法における「いじめ」の定義とその特徴を，昭和61年度からの問題行動調査において利用された定義（自分より弱い者に対して一方的に，身体的・心理的な攻撃を継続的に加え，相手が深刻な苦痛を感じているものであって，学校としてその事実（関係児童生徒，いじめの内容等）を確認しているもの。なお，起こった場所は学校の内外を問わないもの）と比較して答えなさい。

（解答例）

現在の定義は「児童生徒に対して，当該児童生徒が在籍する学校に在籍している等当該児童生徒と一定の人的関係のある他の児童生徒が行う心理的又は物理的な影響を与える行為（インターネットを通じて行われるものも含む。）であって，当該行為の対象となった児童生徒が心身の苦痛を感じているもの」である。昭和61年度の定義と比較すると，関係性（自分より弱い者），双方向性（一方的に），行為態様及び主観（攻撃），継続性（継続的に加え），被害の深刻さ（相手が深刻な苦痛を感じているもの）などの要件がなくなっていることが特徴である。

2．「体罰の禁止及び児童生徒理解に基づく指導の徹底について（通知）」という通知において，例外的に許容されている身体に接触する形での指導を説明しなさい。

（解答例）

①児童生徒から教員等に対する暴力行為に対して，教員等が防衛のためにやむを得ずした有形力の行使や，②他の児童生徒に被害を及ぼすような暴力行為に対して，これを制止したり，目前の危険を回避するためにやむを得ずした有形力の行使の場合には，体罰にはあたらな

いとされている。

3．公立学校の施設が通常有すべき安全性を欠くものの，そのことについて学校の設置者に過失が認められない場合，学校の設置者は国家賠償法2条1項に基づく責任を負うか。

（解答例）

負う。国家賠償法2条1項に基づく責任は無過失責任であり，その学校の設置者の過失の有無は問題とならない。

引用・参考文献

・和久田学（2017）『学校を変えるいじめの科学』日本評論社
・ピーター・K・スミス（2016）『学校におけるいじめ　国際的に見たその特徴と取組への戦略』学事出版
・鬼澤秀昌（2020）「いじめ防止対策推進法から見るいじめ問題への学校の対応の在り方」『スクール・コンプライアンス研究』第８号
・内田良（2019）『学校ハラスメント　暴力・セクハラ・部活動――なぜ教育は「行き過ぎる」か』朝日新書
・池谷孝司（2014）『スクールセクハラ　なぜ教師のわいせつ犯罪は繰り返されるのか？』幻冬舎
・古笛恵子編著（2016）『学校事故の法律相談』青林書院

13 教員のリスクの法的分析

鬼澤秀昌

《目標＆ポイント》 本章では，第11章で確認した法的な考えをもとに教員に関する学校におけるリスクについて学ぶ。特に，教員の長時間労働及び校内暴力・ハラスメントを取り上げる。最後に，スクールロイヤーの制度の紹介と改めて法的視点を学ぶ意義について検討する。
《キーワード》 超勤４項目，部活動，公務災害，パワーハラスメント，スクールロイヤー

1．教員に関するリスクの分類方法について

第12章では，児童生徒に関する学校におけるリスクについて，法律的に検討をした。本章では，教員に関する学校におけるリスクについて法的な分析を行う。

教員が学校に負っているリスクには，児童生徒と同様に，物からのリスクや情報からのリスクもある。しかし，本章では，特に近年注目されている長時間労働，また，児童生徒からのリスクとしての校内暴力，他の教員からのリスクとしてのパワーハラスメントに焦点を絞って解説をする。

また，最後に，近年導入が進んでいるスクールロイヤーの活動の概要や学校リスクへの関わり，さらに，学校と法律リスクに関する今後の展望について最後に概観したい。

2. 長時間労働

（1） 問題の現状

日本の教員の長時間労働の問題は深刻である。2014年に発表された2013年度の国際教員指導環境調査（TALIS）では，調査参加国の中で小中学校における教員の労働時間は，日本が最も突出して高いことがわかった。また，2018年度のTALISでも日本の長時間労働の結果は改善していない。また，2016年度に文部科学省が実施した教員勤務実態調査では，小学校の教員のうち33.4％，中学校の教員のうち57.7％が週60時間以上の勤務をし，過労死ラインを超えているという調査結果も出ている。日本の教員の労働時間は単に長いというだけでなく，健康に被害が生じるレベルでリスクが高いのである。

このような状況のなかで，教員の長時間労働についてさまざまな問題提起がされている。しかし，教員の長時間労働には教員に関する労働法の体系とも密接に関連しており，また，どの法律に基づいて教員の長時間労働の問題を考えるかによって司法の判断も異なっているため，この点について整理をする。

（2） 教員の法的地位

〈ア〉 教員に関する労働法制

まず，大きく分けて，私立学校における教員か，公立学校における教員かによって労働法体系が異なる。

まず私立学校の教員の場合，教員は学校法人に雇用されていることとなり，通常の企業の労働者と同様に労働基準法等が適用される。したがって，使用者は当該学校法人であり，教員に対する給与の支払も学校法人が負担することになる。他方，公立学校の場合は，教員は地方公務員としての立場になり，地方公務員法が原則として適用される。また，市（政令指定都市を除く）区町村立の公立学校における教員は，都道府県がその給与は負担し（市町村立学校職員給与負担法１条１号），職員の採用や懲戒処分を行うことになる（地方教育行政の組織及び運営に関する法律37条１項，38条１項）。そして，その教員に対する指揮監督は当該市区町村の教育委員会が行うこととなる（地方教育行政の組織及び運営に関する法律37条１項，43条１項）。ただし，県立高校及び政令指定都市の場合には，給与を負担し採用や懲戒処分を行う者は同じ（県又は政令指定都市）であることに注意が必要である。

また，公立学校と私立学校の教員の違いは，私立学校の教員は何か故意又は過失によって第三者（生徒等）に対して損害を加えた場合には，民法709条に基づき個人として責任を負うことになるが，公立学校の場合には，公務員であり個人での責任負担は原則としてしない点である（この点は第11章３.（３）にも記載のとおりである。）

〈イ〉超勤４項目

私立の教員と公立学校の教員の給与において大きく違うのは，残業代である。公立学校の教員の場合はその金額や時間外勤務手当について特例が定められている。

その一つは，給与が４％を基準として条例により上乗せされるのに引き換えに，通常の地方公務員であれば支給される時間外勤務手当が支給されないことである（公立の義務教育諸学校等の教育職員の給与等に関する特別措置法第３条１項及び２項）。

そして，教育職員に対して時間外勤務を命じることができるのは，①校外実習その他生徒の実習に関する業務，②修学旅行その他学校の行事に関する業務，③職員会議（設置者の定めるところにより学校に置かれるものをいう。）に関する業務，④非常災害，児童又は生徒の指導に関し緊急の措置を必要とする場合その他やむを得ない場合に必要な業務の４つで，かつ，臨時又は緊急のやむを得ない必要があるときに限定されている（公立の義務教育諸学校等の教育職員を正規の勤務時間を超えて勤務させる場合等の基準を定める政令)。つまり，法律上の文言からすれば，これ以外に時間外勤務を命ずることができないということになっている。

（３）　法的分析

〈ア〉総論

教員の長時間労働の問題は複雑であるが，それは，①特定の業務以外に残業を命じることができない制度と実態が乖離していること（問題点１)，また，②そもそも教員の業務としての位置付けも曖昧な「部活動」の問題（問題点２）の両方が一体的に問題となっているからである。教員の長時間労働の問題は，①時間外勤務手当，②労働災害，③安全配慮義務の３つの観点から問題となるが，それぞれの論点につき説明する。

〈イ〉時間外勤務手当

(a) 超勤４項目以外の残業の扱い

前述の超勤４項目はあくまでも公立学校の教員を対象としているため，私立学校における教員が時間外勤務をした場合は，通常通り残業代が発生する。

他方，公立学校においては超勤４項目の場合しか時間外勤務を命じることができないとなっているものの，超勤４項目以外の業務で実際に時間外勤務を行った場合にどうなるのか明らかではない。裁判所は，「給特法は教師の労働を包括的に評価し，基本給与と教職調整額によって残業手当問題は「調整済み」と一応は推定しつつ，限定４項目（筆者注：本書における「超勤４項目」と同義）以外の業務については，特別の事情がある場合には残業手当を支給すべきである」とする『「調整」推定説』に収斂しているとの評価もある[1)]（リーディングケースである名古屋地方裁判所昭和63年1月29日・労働判例512号40頁は，「時間外勤務等が命ぜられるに至つた経緯，従事した職務の内容，勤務の実状等に照らして，それが当該教職員の自由意思を極めて強く拘束するような形態でなされ，しかもそのような勤務が常態化しているなど，かかる時間外勤務等の実状を放置することが同条例七条が時間外勤務等を命じ得る場合を限定列挙して制限を加えた趣旨にもとるような事情の認められる場合には，給特条例三条によっても時間外勤務手当等に関する給与条例の規定の適用は排除されない」と判断している。）。教員の働き方改革は中央教育審議会においても議論されているが，当該枠組みを維持することは前提とされている[2)]。

(b) 部活動の扱い

部活動は，学習指導要領上にも一応定めはあるものの，基本的には生徒の自主的な活動とされている。また，部活動は超勤4項目にも含まれていない。したがって，部活動によって時間外勤務をしたとしても，上記のとおり「当該教職員の自由意思を極めて強く拘束するような形態でなされ，しかもそのような勤務が常態化」されていない限り，残業代は支払われない，というのが現在の裁判例の考え方である。現在も公立学校の教員が部活動により時間外勤務をしたことについて残業代が認められた例は私見の限り見あたらないが，部活動の顧問に関する実態を鑑みれば，「自由意思を極めて強く拘束するような形態」に該当する場合は十分にあると思われる[3)]。

1） 萬井隆令「なぜ公立学校教員に残業手当がつかないのか」日本労働研究雑誌51巻4号（2009年4月）51頁。

2） 中央教育審議会「新しい時代の教育に向けた持続可能な学校指導・運営体制の構築のための学校における働き方改革に関する総合的な方策について（答申）」（平成31年1月25日）46頁。

〈ウ〉労務災害

(a) 時間外勤務について

私立学校の教員と公立学校の教員で根拠は異なるが，いずれにせよ「労務災害」又は「公務災害」として認められるためには，①業務（公務）遂行性（ケガや病気が業務上生じたものであること），②業務（公務）起因性（業務によって生じたものであること）の２点が要件となる（地方公務員災害補償法45条１項，労働者災害補償保険法７条１項１号）。なお，公労務災として補償が出るか否かと，学校又は教育委員会の過失の有無は無関係である。

特に長時間労働との関係では，部活動を含めた長時間労働の結果，過労死やうつ病等が問題となることは少なくない。そこで，部活動やその他の業務が「公務」に該当するか否かが裁判の中で争われることとなった。

このような裁判例で有名なのはいわゆる「鳥居裁判」[4]である。この裁判の判決では，公務該当性について教育職員の勤務の特殊性を考慮し「教育職員が所定勤務時間内に職務遂行の時間が得られなかったため，その勤務時間内に職務を終えられず，やむを得ずその職務を勤務時間外に遂行しなければならなかったときは，勤務時間外に勤務を命ずる旨の個別的な指揮命令がなかったとしても，それが社会通念上必要と認められるものである限り，包括的な職務命令に基づいた勤務時間外の職務遂行と認められ（給特法による包括的な手当で想定されている職務遂行にあたると言えよう。），指揮命令権者の事実上の拘束力下に置かれた公務にあたるというべきであり，それは，準備行為などの職務遂行に必要な付随事務についても同様というべきである。」と判断した。この基準に

3） 現役の教員が時間外勤務手当を求めてさいたま地方裁判所に提訴したが，2021年10月１日，同裁判所は請求を棄却した。現時点でも控訴審で係属中であり，その結果が注目される。

4） 名古屋地方裁判所平成23年６月29日判決・裁判所ウェブサイト，名古屋高等裁判所平成24年10月26日平成23年（行コ）第54号公務外認定処分取消請求控訴事件。

従い，超勤４項目に該当するか否かにかかわらず公務遂行性を肯定する判断をしたものである。

(b) 部活動について

前述の鳥居裁判の中でも，亡くなった教員は陸上部の顧問をしていたところ，「市及び学校が積極的に部活動を推進していたこと」などを踏まえ，陸上部の顧問の業務も公務として認定されている。さらに，地域クラブ活動と呼ばれる活動も部活動と同様に公務遂行性が認定された。

以上のとおり，時間外勤務手当の判断と異なり，労災の分野では黙示の指示があれば公務とする判断が積み重ねられている傾向にある。

〈エ〉 安全配慮義務（過失責任）

(a) 時間外勤務に関する判断

学校の管理職及び教育委員会は，生徒のみならず教員に対しても安全配慮義務（その雇用する労働者に従事させる業務を定めてこれを管理するに際し，業務の遂行に伴う疲労や心理的負荷等が過度に蓄積して労働者の心身の健康を損なうことがないように注意する義務）を負っている。時間外勤務手当であれば「業務」に該当すれば時間外勤務手当が発生するか否かが問題となり，また，労災においては，「業務」遂行性が認められ，他の要件も満たせば，補償金が支給されることとなる等，業務該当性が直接的に請求権の有無に直結する。他方安全配慮義務においては，業務該当性が認められれば直ちに安全配慮義務違反に結び付く訳ではなく，具体的な安全配慮義務を考慮するうえでの一要素となるにすぎない。部活動についても同様である。

教員に対する安全配慮義務について判断した裁判例としては，既に紹介した最高裁判所平成23年７月12日判決・判例タイムズ1357号70頁（以下「平成23年判決」という。）がある。

平成23年判決では「前記事実関係によれば，本件期間中，被上告人らはいずれも勤務時間外に職務に関連する事務等に従事していたが，勤務校における上司である各校長は，被上告人らに対して時間外勤務を命じたことはない上，被上告人らの授業の内容や進め方，学級の運営等を含めて個別の事柄について具体的な指示をしたこともなかったというのである。そうすると，勤務校の各校長が被上告人らに対して明示的に時間外勤務を命じてはいないことは明らかであるし，また，黙示的に時間外勤務を命じたと認めることもできず，他にこれを認めるに足りる事情もうかがわれない。」として「上記各校長の行為が，国家賠償法１条１項の適用上，給特法及び給与条例との関係で違法の評価を受けるものではない。」として控訴審の結論を維持している。

ただし，前述の控訴審で判示している「教育職員の時間外勤務は，それが自主的，自発的，創造的に行われるものではなく，校長等から勤務時間外に強制的に特定の業務をすることを命じられたと評価できるような場合には，違法となるものと解される。」との判断基準には言及せず，そもそも，時間外勤務を命じたこと自体を否定し，控訴審の判断を「結論において是認できる」としていることから，控訴審の判断基準で確定した訳ではないと思われる。

(b)　安全配慮義務についての判断

平成23年判決は，労働者に対する安全配慮義務に関する基準を示した最高裁判所平成12年３月24日判決・民集54巻３号1155頁（電通事件）を引用したうえで，「本件期間中，いずれも勤務時間外にその職務に関連する事務等に従事していたというのであるが，前述（a）のとおり，これは時間外勤務命令に基づくものではなく，被上告人らは強制によらずに各自が職務の性質や状況に応じて自主的に上記事務等に従事していたものというべきであるし，その中には自宅を含め勤務校以外の場所で行っていたものも少なくない。他方，原審は，被上告人らは上記事務等により強度のストレスによる精神的苦痛を被ったことが推認されるというけれども，本件期間中又はその後において，外部から認識し得る具体的な健康被害又はその徴候が被上告人らに生じていたとの事実は認定されておらず，記録上もうかがうことができない。」として，ストレスによる健康状態の変化の予見可能性及び安全配慮義務を否定した。

私見ではあるが，黙示的な時間外勤務を命じたことすら否定したのは，実態と乖離しており妥当でないと思われる。

(4) 今後の方向性

以上のとおり，時間外勤務手当に関する判断，労務災害認定に関する判断，安全配慮義務に関する判断それぞれにおいて，業務（公務）として認定する基準が微妙に異なっている。根拠とする法令が異なる以上，多少の解釈の違いはやむを得ないと思われるが，たとえば，管理職も認識し許容している部活動や学校において対応しきれなかった業務の自宅での対応等については，実際問題拒否するのは難しい状況もあることから，業務（公務）として認める方向で統一的に解釈していくべきと思われる。

3. 校内暴力・ハラスメント

(1) ハラスメント（特にパワーハラスメントについて）

〈ア〉教員間の「いじめ」

2019年神戸市において小学校である教員が他の教員に対して激辛カレーを食べさせる等のいじめ行為をしていたことが発覚した。多くの人はそもそも「崇高で立派な存在」である教員がいじめ行為を行うことは想定しておらず[5)]，この事件はメディアでもセンセーショナルに取り上げられた。教員にとってのリスクには長時間労働のみならず，他の教員

5） 内田良『学校ハラスメント』（朝日新書，2019）208頁。

から受けるパワーハラスメント等もある。本項目では，ハラスメント，特に教員間のいじめとも関連性が強いパワーハラスメントについて概観する。

〈イ〉パワーハラスメント

パワーハラスメントとは，①職場において行われる，②優越的な関係を背景とした言動であって，③業務上必要かつ相当な範囲を超えたものによりその雇用する労働者の就業環境が害されるものであり，３つの要件をすべて満たしている必要がある（労働施策総合推進法[6]30条の２。なお，同条項は公務員にも適用され事業主に対してハラスメントの防止対策を義務付けている。）。

また，パワーハラスメントには，①身体的な攻撃，②精神的な攻撃，③人間関係からの切り離し，④過大な要求，⑤過小な要求，⑥個の侵害の６類型がある[7]。

〈ウ〉法的分析

(a) 民事責任（不法行為・安全配慮義務）・労務災害

私立学校において教員が他の教員に対してパワーハラスメントを行った場合，行った者は民法709条に基づき不法行為責任を負うこととなる。他方，公立学校の教員の場合は，パワーハラスメントを行った本人も公務員であることから，個人は責任を負わない（故意又は重大な過失がある場合に国又は公共団体が本人に対して国家賠償法１条２項に基づき求償権を行使することとなる。）。また，その雇用主である学校法人は民法715条に基づき使用者責任を，教育委員会の属する自治体は国家賠償法１条１項に基づく損害賠償責任を負うこととなる。

また，精神障害の労災認定の基準にパワーハラスメントが明示されて

6）労働施策の総合的な推進並びに労働者の雇用の安定及び職業生活の充実等に関する法律。

7）「職場におけるパワーハラスメント対策が事業主の義務になりました！～～セクシュアルハラスメント対策や妊娠・出産・育児休業等に関するハラスメント対策とともに対応をお願いします～～」４頁に具体例も掲載されているため参照されたい。

おり[8)]，パワーハラスメントにより精神障害が起きたことが認定されれば，労災が認定される可能性がある。

(b) 刑事責任・行政責任

パワーハラスメントが刑法等に該当する場合には刑法上の責任を負うことになる。たとえば人を殴って傷害を負わせれば傷害罪（刑法204条），暴行又は脅迫により行う義務のないことを強制させた場合には強要罪（刑法223条）等である。また，パワーハラスメントを行った者は，私立学校や国立学校であっても，公立学校の教員であっても，懲戒処分を受ける可能性がある。

(2) 校内暴力

〈ア〉校内暴力に関する現状

文部科学省は毎年「児童生徒の問題行動・不登校等生徒指導上の諸課題に関する調査」（以下「問題行動調査」という。）を実施しているが，いじめや不登校のみならず（いじめについては8章参照），特に小学校における校内暴力が増加傾向にある〔図13－1〕。

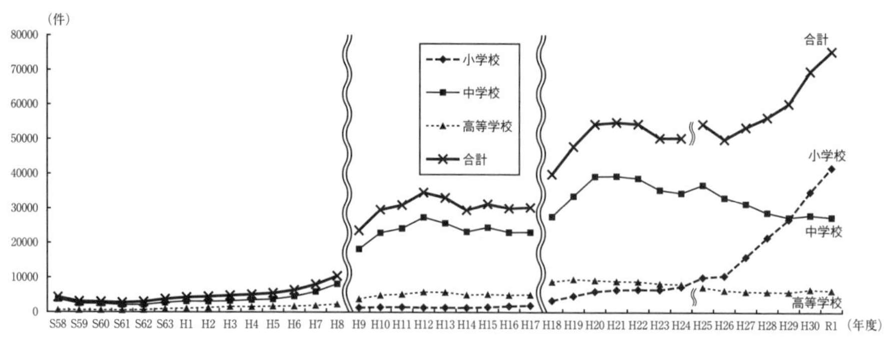

図13－1　学校の管理下における暴力行為発生件数の推移

（出所）　令和元年度問題行動調査8頁より。

8） 厚生労働省・都道府県労働局・労働基準監督局「精神障害の労災認定」9頁。

〈イ〉法的な分析

業務（公務）中に児童生徒からの行為により傷害を負った場合には，労務災害が認められる可能性が高い。

また，児童生徒からの故意の行為により教員が傷害を負った場合には，教員は児童生徒又はその保護者が民法709条又は民法714条に基づき責任を負う可能性がある（第11章３.（３）参照）。

さらに，児童生徒の行為が刑法犯に該当する場合には，少年法に基づき処分される可能性もある。ただし，警察に相談することを「教育の放棄」と感じるからか，生徒の行為について警察に被害届等を出すことは躊躇する教員は少なくない。他方，国立教育政策研究所は『生徒指導リーフ　学校と警察等との連携　Leaf12』[9)]を発行し，その中で「学校と警察との連携の一つの鍵」として「被害届」の意義について「加害者の行為を止め，被害者を守るとともに捜査という観点からの実態の解明につながる可能性を高め」るとして「被害届」の提出を「警察と相談し，前向きに検討を行うことも大切」と説明している。学校における調査能力の限界等も考えれば，特に被害児童生徒や保護者が強い処罰感情を持っている場合には警察の協力を得ることは重要と思われるものの，背景に抱える課題に関するアセスメント等は必ずセットで必要と思われる。

（３）　保護者からの過剰な要求への対応

保護者から教員に対してあまりに過剰な要求がある場合には，不法行為が認められる場合がある。教員が保護者に対して訴えを提起した事例としてさいたま地裁熊谷支部平成25年２月28日判決・判例時報2181号113頁及び長野地裁上田支部平成23年１月14日判決・判例時報2109号103頁がある。前者は，連絡帳において「最低の先生」「悪魔のような先生」などと記載したことが名誉棄損に該当するかが争われた事案で，後者は，

9）　https://www.nier.go.jp/shido/leaf/leaf12.pdf

生徒の自死事件について保護者及び弁護士が校長を殺人罪として告訴したことが不法行為に該当するか否かが争われた事案である。

ただし，教員は保護者や児童生徒との継続的な関係を維持することを目指すことがほとんどであるため，上記のように裁判にまで至るのは極めて例外的である。

4. 法律が果たす役割とスクールロイヤーの役割

（1） スクールロイヤーの活動

近年，「スクールロイヤー」という言葉も徐々に浸透してきた。文部科学省は，2017年度から2019年度まで，「いじめ防止等対策のためのスクールロイヤー活用」に関する調査研究事業を行った。また，令和２年度から都道府県教育委員会及び指定都市教育委員会における弁護士等への法務相談経費について，普通交付税措置が講じられることとなった。さらに，文部科学省は，普通交付税措置の積極的な活用のため，2020年12月に「教育行政に係る法務相談体制構築に向けた手引き〔第１版〕学校・教育委員会と弁護士のパートナーシップ」[10)]を発表した。

当該手引きでは，学校・教育委員会に関わる弁護士の業務を①助言・アドバイザー業務，②代理・保護者との面談への同席等，③研修業務，④出張授業と分類して，具体的な事例も紹介している。「スクールロイヤー」と呼ばれる制度には決まった制度があるわけではなく，業務範囲も含めて多様な制度がある。

スクールロイヤーについては，学校における問題を法律の観点から「一刀両断」するイメージを持たれがちである。しかし，実際には子ども・保護者・教員の抱える背景事情を考慮し，法律的知識のみならず教育的・福祉的知識も踏まえて，教員と一緒に子どものために何が最適なのか検討するのがスクールロイヤーである[11)]。

10） https://www.mext.go.jp/content/20201225-mxt_syoto01-000011909.pdf
11） 注10） １頁参照。

(2)　学校リスクと法律

第11章から本章にかけて，学校におけるリスクをさまざまな角度から法的に分析してきた。法的な知識を得るのは，何か最悪の事態が起きてから責任の所在を判断することだけの目的ではない。むしろ，最悪の事態について法的に判断している裁判例等を理解し，学校における子ども及び教員の安全性を最大限高めることに活用するためである。今後そのような観点で法律や裁判例も学校現場で活用されるように期待したい。

学習課題

1．公立学校の教員がいわゆる超勤４項目以外の業務で時間外勤務をした場合に時間外勤務手当は支払われるか。裁判例における考え方を述べなさい。

(解答例)

名古屋地方裁判所昭和63年１月29日・労働判例512号40頁は，「時間外勤務等が命ぜられるに至つた経緯，従事した職務の内容，勤務の実状等に照らして，それが当該教職員の自由意思を極めて強く拘束するような形態でなされ，しかもそのような勤務が常態化しているなど，かかる時間外勤務等の実状を放置することが同条例七条が時間外勤務等を命じ得る場合を限定列挙して制限を加えた趣旨にもとるような事情の認められる場合」には，時間外勤務手当について支払義務が生じる場合があると判断した。

2．労務災害として認められる要件，その要件と給特法及び部活動の関係性について，裁判例の判断も踏まえて説明しなさい。

（解答例）

労務災害が認められるためには，①業務（公務）遂行性，②業務（公務）起因性の２つの要件を満たす必要がある。しかし，給特法に定める超勤４項目以外の業務での時間外勤務はできず，また，部活動についても，生徒の自主的な活動との建前上，①の業務（公務）遂行性が認められるか否かが問題となる。いわゆる鳥居裁判の第一審判決では，黙示の命令であっても，部活動の顧問業務及び超勤４項目以外の業務についても業務遂行性を認めた。

3．パワーハラスメントの具体的な要件及びその根拠となる法令を答えなさい。また，パワーハラスメントの６つの類型を答えなさい。

（解答例）

パワーハラスメントとは，①職場において行われる②優越的な関係を背景とした言動であって，③業務上必要かつ相当な範囲を超えたものによりその雇用する労働者の就業環境が害されるものであり，３つの要件をすべて満たしているものである（労働施策総合推進法30条の２）。

また，パワーハラスメントには，①身体的な攻撃，②精神的な攻撃，③人間関係からの切り離し，④過大な要求，⑤過小な要求，⑥個の侵害の６類型がある。

引用・参考文献

・萬井隆令「なぜ公立学校教員に残業手当がつかないのか」日本労働研究雑誌51巻4号（2009年4月）
・内田良『学校ハラスメント』（朝日新書，2019）p208.
・福田ますみ『モンスターマザー：長野・丸子実業「いじめ自殺事件」教師たちの闘い』
・『月刊生徒指導』2021年2月号・3月号

14 制度設計なき部活動の現状と課題

内田　良

《目標＆ポイント》 学校教育における部活動の制度的位置づけを理解し，その位置づけゆえに生じるさまざまなリスクを確認します。そのうえで，部活動の持続可能性を高めるための方途を検討します。

《キーワード》 教育課程，自主性，持続可能性

1. 制度設計なき日常

(1) なぜ廊下を走るのか

中学校や高校の教育活動は，部活動を抜きには語れない。生徒と教師の両者にとって，部活動は学校教育にあって当たり前の活動である。しかしながら，学校教育にしっかりと根を下ろしている活動であるわりに，その制度的な土台は実に脆弱である。そしてその脆弱さゆえに，部活動はさまざまな矛盾や困難を抱え込んできた。本章ではそれらの矛盾や困難を描き出す作業をとおして，部活動に関連して生じる生徒と教師それぞれのリスクを明らかにし，さらにはそのリスクを低減しうる持続可能な部活動のあり方を展望したい。

部活動の制度的脆弱性を確認するために，部活動の練習風景を思い浮かべてみよう。たとえば運動部活動の練習では，廊下をダッシュする，校舎内を使って長距離を走るなど，廊下や階段を含むさまざまな空きスペースが活用される。ところが部活動が始まるつい直前まで，「廊下を走るな！」と指導されていたはずだ。校則で明確に定められている学校

もあることだろう。廊下を走れば，廊下の角や教室の中から出てきた人に，勢いよく衝突してしまうかもしれない。滑って転倒することもある。ケガのリスクが高いからこそ廊下を走ることが禁じられているはずであり，部活動の時間帯だからといって廊下が急に安全な場に変わるわけではない。

危険な廊下を，なぜ生徒は走らされるのか。その答えは，「部活動は制度設計がまったく不十分だから」である。

中学校ならびに高校の学習指導要領において部活動は，「学校教育の一環」ではあるものの，「生徒の自主的，自発的な参加により行われる」と規定されている。生徒の自主性にゆだねられているということは，平たく言えば，「やってもやらなくてもよい」ものである。学校の教育活動であるけれども，「やってもやらなくてもよい」という中途半端な位置づけが，部活動にさまざまなリスクを招いている。

制度設計の不備は，授業と比較することで，明快に理解できる。保健体育の授業で体育館にクラスが集まりすぎたからと言って，廊下を使うことはない。場所が不足すれば，体育館かあるいは学校をもう一つ造るというのが，制度に則った対応である。ところが，部活動は制度上の位置づけが曖昧であるために，活動に要する各種リソースが不十分なままに，活動が実施される。

廊下以外にも，危険な場所で活動が行われている。水泳部が使用する学校のプールもその典型例である。水泳部では大会に出場するために，飛び込みスタートの練習が行われる。その際に，頭部をプールの底に打ち付けるケースが後をたたない。頸髄を損傷して後遺症を残すこともある。学校のプールは溺水防止のために，水深が浅く造られている（高嶺1992）。溺水事故を防止するためには最適であるが，飛び込みを行うには浅すぎる。

かつては体育の授業でも，飛び込みスタートが指導されていたものの，学習指導要領において小学校では2011年度から，中学校では2012年度から，授業における飛び込みは禁止されており，また高校においても2022年度からの学習指導要領において禁止に近い扱いに変更されている。なぜなら，授業の飛び込みスタートで重大事故が相次いだからである。国としては子どもの安全を守るために，体育の授業では飛び込みスタートを禁じた。その同じプールで，部活動の時間になると，禁止が解除されている。「自主的」な活動にまでは，国の規制が及ばない。

学校管理下の災害共済給付事業を担っている日本スポーツ振興センターの資料には，「絶対的な部活動スペースが不足しており，体育館はローテーションで使用」，「柔道部はステージに畳を敷いて活動する」，「校舎や廊下に卓球台を分散させて活動していた。また，体育館内でも，隣り合った卓球台の間隔が狭い」と，練習場所の不備を危惧する報告がある（日本スポーツ振興センター 2010）。学校は，授業を行う場であり，そのための物的環境は整備されている。その同じ空間で，放課後に無理矢理に部活動を実施している。ここに重大なリスクが潜んでいる。

（2） 教育課程外の教育活動

学校教育における部活動の位置づけは，「教育課程外」と言い表される〔図14-1〕。「教育課程」というのは，学習指導要領などを踏まえたうえで，「学校教育の目的や目標を達成するために，教育の内容を子供の心身の発達に応じ，授業時数との関連において総合的に組織した学校の教育計画」（中央教育審議会・初等中等教育分科会資料「教育課程企画特別部会　論点整理」）を指し，その編成主体は学校にある。そして学校教育法施行規則の第72条において，中学校の教育課程は「国語，社会，数学，理科，音楽，美術，保健体育，技術・家庭及び外国語の各教

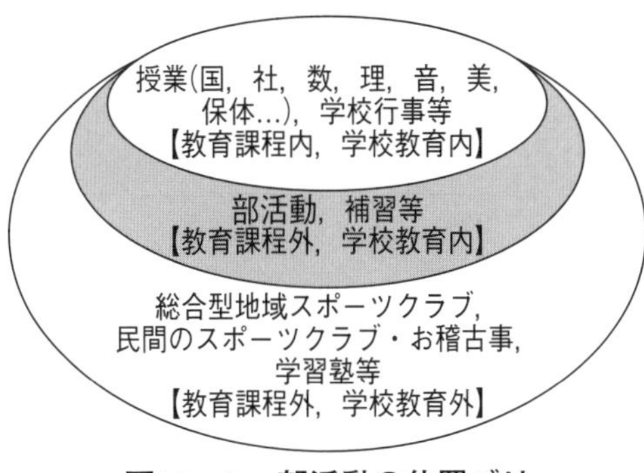

図14－1　部活動の位置づけ

科」と「道徳，総合的な学習の時間並びに特別活動」によって編成するものとされている。ここに「部活動」の文言は見当たらない。

各種教科や行事は「教育課程」に含まれる一方で，部活動は「教育課程外」である。学習指導要領においても，部活動は「教育課程外」であると明記されており，それがすなわち，やってもやらなくてもよい自主的な活動ということである。ただし実際には，部活動は教育課程に入っていると思い込んでいる教師は，少なくない。部活動は教科や行事と同じように，生徒が必ず取り組むべき事項であると誤解されている。それほどまでに，部活動は学校教育に根を下ろしていると言える。それにもかかわらず，ただ教育課程外という制度上の理由から，安全な活動環境が保障されていないことが，問題である。

足りないのは場所だけではない。人（指導者）も足りない。日本スポーツ協会（旧，日本体育協会）が2014年に実施した「学校運動部活動指導者の実態に関する調査」によると，中学校ならびに高校の運動部顧問のうち約半数（中学校：52.1%，高校：45.0%）は，その競技種目を未経験である。授業で各教科の素人が指導を行うことはないが，部活動ではそれが当たり前の風景になっている。競技種目に関する専門性が低い

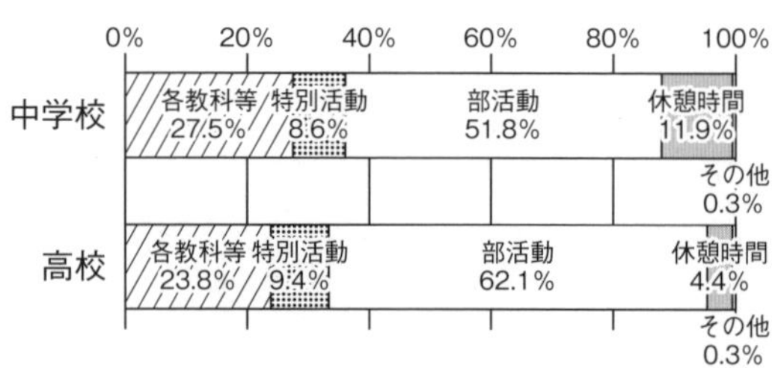

図14－2　学校管理下における負傷事故の活動場面

ということは，安全な指導方法に関する知識も乏しいことが懸念される。

こうして生徒は，専門性の低い顧問の指導のもと，活動環境としてはまったく不適当な場所で，日々練習に励んでいる。そしてそこでケガをした場合には，「注意が足りなかった」と生徒が責められるか，「スポーツにケガはつきもの」とあきらめの境地で片づけられる。制度設計が不備であることのリスクは，生徒が心身に傷を負うことによって受け止められている。

日本スポーツ振興センターの『学校の管理下の災害［令和元年版］』によると，2018年度に医療費が支払われた事故（通学路の事故を除く）のうち，中学校では５割が，高校では６割が部活動中に発生している〔図14-２〕。事故件数から見ると，学校の各種教育活動において，最もリスク対策が必要とされるのは部活動である。事故はそのほとんどが運動部のものであり，身体を積極的に動かすからにはどうしてもケガをする可能性は高くなる。その意味で件数が多くなるのは当然とも言えるが，しかしながらここまで述べてきたように，部活動では生徒はあまりに危険な条件下での活動を強いられていることを見過ごしてはならない。学校教育の一環である限りは，教育課程外であったとしてもそれが安全をないがしろにすることの言い訳になってはならない。

2001年に医学雑誌 British Medical Journal は，“accident” という言

薬の使用を禁じると発表した。「accident とはしばしば，予測できない，つまり偶発的な出来事または神の仕業であり，それゆえに回避できないことと理解されている。しかし，たいていの傷害や突然の出来事というのは予測可能であるし，防御可能である」（Davis and Pless 2001）というのがその理由であった。予測できず，したがって回避もできない事態が accident である。だが同誌は，事故は予測でき回避できるとの姿勢を示した。各事故を，生徒個々の不注意や不運に帰すのではなく，その背景要因にできるだけ迫りながら，事故の抑止を考えていかねばならない。

2. 強制と過熱

（1） 自主性の強制

部活動は，授業とは異なり，生徒はみずから選んだ活動に参加でき，正式な出欠が記録されることもない。まさに「自主的」な活動である。

だが，考えてみると不思議なことに，自主的であるはずの部活動において，「自主練」というものがある。部活動には強制的要素があり，だからこそ，その条件下において自由な練習という概念が成り立つ。さらに言うと，その「自主練」に顧問である教師が来るのはもちろんのこと，生徒もほとんどが参加する。自主的なはずの部活動において自主練があり，そこにまた強制であるかのように全員が参加する。なぜこのような奇妙な事態が生じているのか。

部活動では，生徒全員の強制加入となっている学校が少なくない。スポーツ庁の調査によると，公立中学校の32.5%が，生徒全員を部活動に強制的に参加させている（スポーツ庁「平成29年度『運動部活動等に関する実態調査』集計状況」）。3割にとどまっているという点では部活動の強制は少数派と言えるが，ここで問題なのは自主的なものが強制されている点である。自主的な活動であるからには，原則すべての学校において強制参加は「０％」であるべきだ。

また強制ではないとしても，大多数の中高生が部活動に参加していることにも注目しなければならない。スポーツ庁が2019年度の全国体力テストに合わせて実施した調査によると，中学２年生において，男子は運動部に75.6%，文化部に9.7%，女子は運動部に57.3%，文化部に31.9%が所属している（ごく一部，運動部と文化部両方に所属している生徒もいる)。運動部と文化部を合わせると，部活動の加入率は約９割近くに達する（スポーツ庁「令和元年度全国体力・運動能力，運動習慣等調査報告書」)。大多数が参加している状況を踏まえると，強制参加ではないとしても，部活動をやらなければならないという半強制の空気があると推察される。

そもそも自主的であるはずの活動が，強制されている。この不思議な現状について，部活動を研究の対象としてその戦後から現在までの変遷をたどってきた中澤篤史は，自主的だからこそ強制されるという興味深い論理を提示している。生徒にとって必須である教育課程内の授業は，上から与えられたものだ。一方で，教育課程外の部活動は生徒の自主性を育むものである。その自主的な活動を保障するために，教師による積極的な介入が必要だと考えられた（中澤 2014)。言い換えると，とてもすばらしい活動なのだからぜひとも生徒にやらせるべきだと，学校側が部活動を推奨することになった。自主性の強制には，学校スポーツが持つアンビバレンスが反映されている。

（2） 活動時間数の増加——生徒の負荷

自主性に基く制度設計の不備は，部活動の過熱にも深く関係している。

中澤によると，国が1955年から2001年の間に実施した複数の調査を整理すると，中学校や高校の運動部活動の活動日数は増減を経ながらも，週４日前後から週５日～６日に増加してきた。「現代は，多くの生徒が多くの日数にわたり活動している時代」（中澤 2014：99頁）である。

2016年度よりスポーツ庁は「全国体力・運動能力，運動習慣等調査」（いわゆる「全国体力テスト」）において，運動部における生徒の活動時間を調べている。2016年度というのは，新聞紙上における部活動関連記事の件数が突如として急増した時期であり（野村他 2021），2016年度を境に部活動のあり方に関する世論が拡散した。そして，2018年度には，後述する運動部と文化部のガイドラインが策定された。

全国体力テストの結果をもとに算出すると，2016年度における一週間の平均活動時間は，男子生徒は計15.59時間，女子生徒が15.82時間であった。部活動改革の声が急速に拡大するなか翌2017年度の活動時間は，男子が15.74時間，女子が15.93時間とさらに増加した。2018年度に入り，男子が14.81時間，女子が15.04時間と減少に転じ，2019年度には，男子が13.36時間，女子が13.47時間と減少傾向が続く。

さてここで，改めて授業とのちがいから部活動の特性を考えてみよう。たとえば国語の授業で教科担任が，「今日の国語の授業は盛り上がった。来週からは土日も授業をやりましょう」とはならない。教科というのは年間の標準的な時間数や単位数が決まっており，各学級で時間割も組まれている。教えるべき内容も定まっている。制度設計が整っていて，50分という時間制約のなかで最大のパフォーマンスを発揮する方法が試行錯誤される。

他方で，「学校教育の一環」であること以上には具体的な規定がない部活動では，活動時間をどれくらいに設定するかは，学校の自由裁量である。それが全国大会を頂点とする競争原理のもとに置かれている限りは，練習量を拡大する方向へと突き進んでいくと考えられる。試合に勝てば，うれしい。そのうれしさをもっと味わいたいと，練習に力が入る。そこに保護者からの応援も入り，部活動は土日を費やしながら盛り上がっていく。試合で勝つことの喜びやその過程で築かれる生徒との強い絆を経験すると，そこから抜け出ることは難しくなる。

制度設計が不十分な状況下では，部活動という魅力ある活動は，歯止めなく拡大し得る。だからこそ，マネジメントが求められる。過熱による生徒の負荷については，スポーツ庁が2018年３月に「運動部の在り方に関する総合的なガイドライン」を策定し，同じく文化庁も同年12月に「文化部の在り方に関する総合的なガイドライン」を策定した。両ガイドラインは，過熱した部活動の適正化を求めるもので，各種提言の中でも特に休養日の設定を含む活動量の上限規制が注目された。運動部については，「生徒がバーンアウトすることなく，技能や記録の向上等それぞれの目標を達成」するために，また文化部については「生徒のバランスのとれた生活や成長に配慮」するために，運動部と文化部いずれにおいても具体的には，週あたり２日以上の休養日（少なくとも，平日１日以上，土日１日以上）を設けること，また１日あたりの活動時間は，長くとも平日では２時間程度，土日は３時間程度とすることが明記された。

（３） 活動時間数の増加――教師の負荷

生徒の活動時間が長いということは，それを指導する教師の負担も大きいことを意味する。

文部科学省が2016年度に実施した「教員勤務実態調査」によると，2006年度と比較して小中学校の各種業務の中で突出して勤務時間が増加したものが，中学校の土日における「部活動・クラブ活動」で，一日あたりで63分もの増加が確認された。また，OECD（経済協力開発機構）が2018年に加盟国等48の国・地域を対象に実施した「OECD 国際教員指導環境調査（TALIS）」においても，日本の中学校ではとりわけ「課外活動」の時間が長く，調査参加国・地域の平均が1.9時間であったのに対して，日本は7.5時間と最長であった。

2019年１月に発表された中央教育審議会の「新しい時代の教育に向けた持続可能な学校指導・運営体制の構築のための学校における働き方改革に関する総合的な方策について（答申）」においては，教員の長時間労働の解消に向けて，学校が担っているさまざまな業務の外部化や削減が検討・提案された。そのなかで「部活動の設置・運営は法令上の義務ではなく，学校の判断により実施しない場合もあり得る」ことが示された。

「部活動指導は必ずしも教師が担う必要のない業務」であり，さらには「将来的には，部活動を学校単位から地域単位の取組にし，学校以外が担うことも積極的に進めるべきである」と，これまで学校に根を下ろし，拡大・過熱してきた部活動を学校から切り離していくという方針が提起された。

部活動は長年の歴史のなかで，生徒と教師の両者の負荷を増大させてきた。ただしそれは，単純に生徒や教師の意思を外部から抑圧するかたちで進んでいったと見てはならない。自主的な活動として，大会参加を含めて授業にはない多くの魅力が生徒や教師をみずから部活動に駆り立てていった側面が大きい。東京大学社会科学研究所とベネッセ教育総合研究所が2018年に実施した調査によると，部活動に加入している中学生のうち75.7％が部活動を「楽しい」と答えている（東京大学社会科学研究所・ベネッセ教育総合研究所 2019）。また筆者らが2017年に実施した調査では，中学校教師のうち60.4％が部活動を「楽しい」と答えている（内田他 2018）。

それゆえ部活動は，個々の教師や生徒に任せているだけでは，歯止めがかからず，負荷量は増大し続ける。だからこそ，自主性を尊重しつつも，ある程度は活動の枠組みとなるような具体的で拘束力のある制度設計が不可欠である。

3. 部活動改革の行方

(1) 外部指導者というリスク

制度設計なき部活動のリスクを減じるべく，部活動改革の要として期待を寄せられているのが，「部活動指導員」である。

「部活動指導員」とは，法的に位置づけられた学校職員であり，教員を伴わずに単独での指導や大会引率が可能な立場である。中央教育審議会が2015年12月の答申「チームとしての学校の在り方と今後の改善方策について」において提言し，これを受けて文部科学省が学校教育法の施行規則を改める省令を公布し，2017年４月から施行されている。まさに制度設計の推進という点で，大きな一歩である。

部活動指導員を含む広い意味での外部指導者は，1990年代後半頃から「開かれた学校づくり」のなかでその必要性が訴えられるようになり，今日に至るまで着実に拡がりをみせてきた（神谷 2015）。この外部指導者には，二つの役割が期待されている。

第一の役割が，顧問教師の負担軽減である。第三者に指導（の一部）をゆだねることで，教師の業務量が軽減され得る。第二の役割が，生徒への専門的指導である。運動部顧問の約半数は当該競技種目が未経験であるため，外部指導者が入ることにより，生徒には専門的な知識や技能が提供され得る。外部指導者は，教師の助けにもなるし，生徒の技能向上にも貢献してくれる。いわば万能薬のようなもので，それゆえ多くの自治体で導入が進められてきた。

ただし，学校側の要望（競技種目や活動日・時間など）とのミスマッ

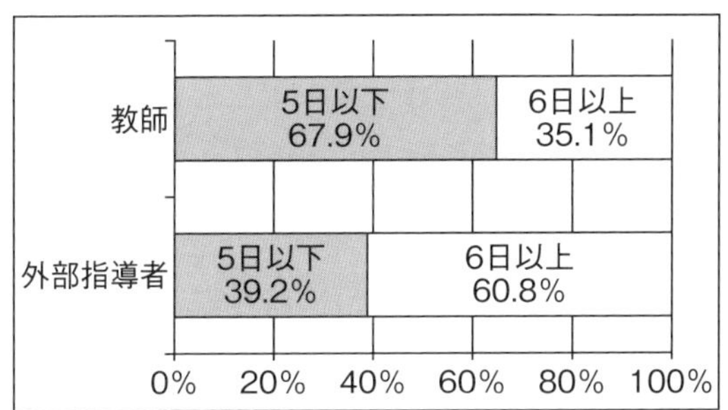

図14－3　運動部における一週間の適当な活動日数（神奈川県調査）

チや，手当ての低さなどから，なり手がいないというのが現実である。また法的な身分を与えられた部活動指導員の場合には責務が重大であるとの理由から，部活動指導員を引き受けたがらない（自主性や自由度の高い外部指導者の立場であれば引き受ける）という実情もある。日本中学校体育連盟の2019年度調査によると，全国で3,642名の部活動指導員が活躍している。一方で，全国の部活動の数は男子と女子合わせて11万を超えている。目下のところ部活動指導員の貢献は，ごくわずかである。

他にも大きな課題がある。神奈川県教育委員会が2013年に実施した調査（「中学校・高等学校生徒のスポーツ活動に関する調査報告書」）によると，部活動の指導日数として一週間のうち何日が適当であるかについて，「６日以上」の割合は，教師が35.1%であったの対して，外部指導者は60.8%に達した。また，一日あたりでは「２時間以上」の割合は，教師が67.9%で，外部指導者は86.0%であった。外部指導者は教師に比べて，より多くの日数と時間数を部活動に費やすべきと考えている〔図14-３〕。外部指導者が部活動に関わることで，顧問の負担軽減が実現する可能性は大いにある。だが生徒のほうはむしろ，負担増になってしまうことが懸念される。

また，外部指導者による暴行事案も，たびたび報じられている。もちろん学校内部の顧問教師が，暴力を振るうこともある。外部指導者だけが問題ではない。だが，外部指導者の活用は，教師以上に制度設計がないところで進んできた。一般に，指導者が学校外部の者である場合，学校や教育委員会の管理が届きにくくなる。ましてや，ボランティアで指導にたずさわっていると，何か問題が生じたときにすぐに指導から離脱してしまうと，行政としては何ら介入や処分ができなくなる。

武井哲郎は，「開かれた学校」のあり方を問う中で，保護者や地域住民が学校に参画する際には，「意思決定への参加」と「教育活動への参加」の２類型があるとしたうえで，前者についてはその功罪が明らかにされてきた一方で，後者については積極的に評価する声がほとんどであると指摘する（武井 2017)。言い換えるならば，外部からの「教育活動への参加」は，それだけで何かが豊かになるのだという幻想がある。外部の参画や外部への委譲を無条件に肯定して受け入れるわけにはいかない。外部指導者の質を確保できるよう，いっそうの制度設計が必要である。

（２） 資源制約から部活動の持続可能性を考える

部活動は授業とは異なり，自主的な活動であるからこそ，そこに特有の魅力が生まれてくる。そうであるとしても，制度設計という土台を欠いた状況での自主的な活動は，同時に幾種もの重大リスクを生じさせる。万能薬と想定された外部指導者でさえ，負の側面が際立って見えることもある。

今日の部活動改革の重大な問題点は，そもそも部活動という教育活動の総量が大きすぎて，それを安心・安全にまわしていくためのリソースが圧倒的に不足しているということである。私たちはいま，人や場所，予算といった資源の有限性を踏まえたうえで，過熱し肥大化してきた部活動を再設計しなければならない。つまり，現状の資源に見合ったかたちで，部活動を構想するのである。

そのためには端的に，部活動の活動量を大幅に縮小すること，すなわち「総量規制」を進めることが要請される。ここでいう「総量規制」とは，具体的には大会やコンクールの参加回数の制限，練習時間数や日数の制限を指す。活動の総量がこれまでの半分以下になることを目指す。

部活動の歴史とは，選手養成という「競技」の論理と生徒の主体性を涵養する「教育」の論理が葛藤しながら，競技の論理が教育の論理を押し切ってきた過程である（友添 2016)。競技の論理を優先するのであれば，多くの練習が必要とされる。だが，そもそも部活動というのは，授業後の付加的な活動として，生徒にスポーツや文化活動に親しむ機会を提供するものである。競争原理に基いて過熱すべきものではない。

過熱してきた部活動を，たとえば週２～３日にまで減らす。そのうえで，地方大会や全国大会を開催することも可能である。活動の総量が大幅に減ることで，各部活動の練習日を月水金と火木土というかたちに分けることができ，学校等の施設をゆったりと使えるようになる。廊下でトレーニングする必要性も小さくなる。そして，専門性がありさらに安全性を保障してくれてかつ指導を希望する限られた教師や地域住民が，限られた日時だけ指導にあたればよい。指導者にかけるべき予算も，少なくて済む。しかも総量の拡大には諸々の追加的予算が必要であるが，総量の削減には基本的に予算は不要である。

そしてトップアスリートを目指したい生徒は，民間のクラブチームで育つようにする。すでにオリンピックを見てみるとたくさんのメダリストが民間のクラブチーム出身である。もちろんそのためには，国主導による環境整備も不可欠である。

部活動はこれまで，制度設計なきままに生徒や教師の両者に多大なリスクや負担を強いてきた。資源制約を前提としてそれに合わせるかたちで，部活動の制度設計を進めることが求められる。制度による枠付けと自主性の追求とは，けっして相容れないものではない。リスクの小さい持続可能な制度を設計することで，自主的な活動が安心して展開できる。

学習課題

1．部活動の練習風景を想像し，制度設計の不備によって生じる具体的なリスクの例を考える。
2．部活動の持続可能性を高めるために，どのような総量規制の方法がありうるか，検討する。

引用・参考文献

・Davis, R. M. and Pless, B., (2001) Bmj Bans “Accidents”: Accidents are not Unpredictable, British Medical Journal, 322：1320-1321.
・神谷拓（2015）『運動部活動の教育学入門：歴史とのダイアローグ現在』大修館書店
・神奈川県教育委員会（2014）「中学校・高等学校生徒のスポーツ活動に関する調査報告書」
https://www.pref.kanagawa.jp/documents/11575/sportskatsudouchousa_201412.pdf,（最終アクセス日：2021年2月18日）
・中澤篤史（2014）『運動部活動の戦後と現在：なぜスポーツは学校教育に結び付けられるのか』青弓社
・日本スポーツ振興センター（2010）『課外指導における事故防止対策：調査研究報告書』
・野村駿・太田知彩・内田良（2021）「部活動問題の社会的構成：部活動の語られ方からみる部活動改革推進の背景」『名古屋大学大学院教育発達科学研究科紀要（教育科学）』第67巻，第2号，pp.109-119.
・高嶺隆二（1992）「水泳授業中の事故に関する一考察：逆飛込み事故の原因とその指導法について」『体育研究所紀要』（慶應義塾大学），第32巻，第1号，pp. 65-79.
・武井哲郎（2017）『「開かれた学校」の功罪：ボランティアの参入と子どもの排除／包摂』明石書店
・東京大学社会科学研究所・ベネッセ教育総合研究所（2019）『子どもの生活と学びに関する親子調査 2015-2018』
https://berd.benesse.jp/up_images/research/oyako_tyosa_2015_2018_Web%E7%94%A80225.pdf,（最終アクセス日：2021年2月18日）
・友添秀則（2016）「これから求められる運動部活動とは」『運動部活動の理論と実践』大修館書店，pp. 2-15.
・内田良・上地香杜・加藤一晃・野村駿・太田知彩（2018）『調査報告　学校の部活動と働き方改革』岩波書店

15 学校の働き方改革

内田 良

《目標＆ポイント》 教師の長時間労働の背景にある教職観と法制度の作用を明らかにします。また，学校がさまざまな業務を際限なく背負い込んでいることを指摘し，今後の働き方改革の方向性を模索します。
《キーワード》 長時間労働，働き方改革答申，学校依存社会

1. 聖職者としての教師

（1）「子どものため」という呪縛

2019年11月のこと，福井テレビ開局50周年記念番組として制作されたドキュメンタリー「聖職のゆくえ」が，11月の日本民間放送連盟賞のテレビ部門グランプリ審査において，準グランプリを受賞した。

「聖職のゆくえ」には「働き方改革元年」と副題が付されている。同年１月，中央教育審議会は「新しい時代の教育に向けた持続可能な学校指導・運営体制の構築のための学校における働き方改革に関する総合的な方策について（答申）」（以下，「働き方改革答申」）を発表した。2019年とは国の方針が教育委員会や学校に降ろされ，いよいよ働き方改革が教育現場にゆだねられることになった節目の年と言える。

「聖職のゆくえ」は，「聖職」たる教師の長時間労働問題に迫っている。残業代も支払われることなく，連日にわたってお金や時間に関係なく子どものために働く姿と，その働き方を大きく規定している給特法（「公立の義務教育諸学校等の教育職員の給与等に関する特別措置法」）

の成立経緯が照射された。

「聖職のゆくえ」には，印象的な場面がある。夜遅くの小部屋での会議の様子だ。7～8名の教師が集って，中学2年生の宿泊学習（1泊2日）の存廃をめぐって議論をしている。重々しい空気のなか，「授業時間が足りない」「先生の負担もめっちゃ大変」といったように，宿泊学習をなくしたいという声があがる。その一方で，「いつもと違うところで時間を守ったり」「子どもの自信になる」と，宿泊学習の意義を訴える声が返される。

平日の夜，残業代も支払われない状況のなかで会議が開かれ，そこで宿泊学習が子供のために重要な教育活動であり，存続させるべきであるということを，教師自身が語っている。その夜，会議は2時間つづいた。議論の末，宿泊学習は昨年と同じように行われることになったという。そこに映し出されているのは，管理職からの命令で奴隷のように働かされている受動的な教師像ではない。自分たちの長時間労働が問題であるとわかっていてもなお，「子どものため」を優先して業務をこなしていく能動的な教師像である。

中教審の働き方改革答申は，その「はじめに」において，「‘子供のためであればどんな長時間勤務も良しとする’という働き方は，教師という職の崇高な使命感から生まれるものであるが，そのなかで教師が疲弊していくのであれば，それは‘子供のため’にはならないものである」（p. 2）と，「子供のため」に労力を惜しまない教師像を真正面から問題視した。

今津孝次郎は教育に関わる説明様式を「教育言説」と呼び，その特質を「教育に関する一定のまとまりをもった論述で，聖性が付与されて人々を幻惑させる力をもち，教育に関する認識や価値判断の基本枠組みとなり，実践の動機づけや指針として機能する」（今津・樋田 2010，p. 9）

と規定した。そして特に「聖性」については，それが宗教教義のような性格を持ち，批判的な議論をタブーにして，教育実践を方向づけると指摘した。

この意味において「子どものため」とは，まさに典型的な「教育言説」の一つである。「子どものため」という言葉や着想には聖性が付与されていて，それに抗することを困難にする。その崇高な使命感は，期せずして業務の肥大化を招き，教師は疲弊していく。このような状況では，効果的な教育活動も展開できなくなる。

（2） 教職という仕事の特徴

教職の性格をめぐってはこれまで主に，聖職者論・労働者論・専門職論の３つが語られてきた。

聖職者論とは，教職を神から与えられた天職とみなして，ひたすら献身的に崇高な職務を遂行する態度を指す。平日の夜も，土日も，学校や自宅で学校の業務をこなしつづける。お金や時間に関係なく尽力する姿はまさに聖職者そのものである。

労働者論とは，日本教職員組合が1952年に「教師の倫理綱領」を発表した際に，「教師は労働者である」と提唱したことを端緒に広がった見方である。聖職者ではなく，人間として教師も自身の生活を充実させることが目指される。

教育界には古くから，「聖職者」に徹しない者を揶揄する言葉がある。「サラリーマン教師」という呼び名で，献身的に子どもに接するのではなく，時間やお金に厳しくそして不払い労働は好まないタイプを指す。サラリーマンに対して失礼な言葉であるようにも思われるが，いずれにしてもそう揶揄しているうちに，学校はだれもが認める官製ブラック企業に成り下がってしまったように見える。

聖職者論と労働者論が対立的な関係性にある一方で，その対立を乗り超えるものとして新たな角度から教職を性格づけたのが教師の専門職論である。専門職論は，1966年における ILO とユネスコによる「教員の地位に関する勧告」の影響を強く受けた見方で，そこには「教育の仕事は専門職とみなされるべきである」と明記されている。教職とは，専門的な知識と特別な技術を要し，それは長期的な研鑽をもって獲得され維持されるものと考えられる。

専門職論においては，さらに「技術的熟達者」と「反省的実践家」という２つのモデル（佐藤 1996）をはじめ，今日においても教師の資質能力向上を求める動きに連動して活発に議論されている。一方でかつて1988年に永井聖二が指摘した専門職論の負の側面は，働き方改革を推進するうえで今日において示唆にとんでいる。永井によると，教師が専門職者集団として集団的自律性を獲得しようとすると，そこには閉鎖的な自治組織が生まれ，またそれは防衛的な姿勢をともない変革への内的動機づけを欠くことになるという（永井 1988）。教師集団が特別な専門家集団としてみずからを位置づけようとするとき，学校という空間は教職としての特別な論理が支配する治外法権の場になりかねない。

（３）　教職の「特殊性」を土台とした働き方

2018年６月に，政府主導のもとで，働き方改革関連法案が可決・成立した。その目玉は，時間外労働時間数（残業時間数）の上限規制であった。労働基準法の改正により，時間外労働の時間数に上限が設けられ，事業主がこれを超えて労働者を働かせた場合，罰則が適用されることになった。大企業においては2019年４月から，中小企業においては2020年４月から導入されている。

一方で公立校教員の労働には，基本的に労働基準法が適用されるものの，時間外労働についてはその適用が除外されている。給特法において，「公立の義務教育諸学校等の教育職員の職務と勤務態様の特殊性に基づき，その給与その他の勤務条件について特例を定める」（第一条）とされ，給与月額の4％分が「教職調整額」という名称で給与月額に上乗せされる一方で，所定労働時間を超えた勤務時間についてはそれが残業時間としてカウントされない仕組みとなっている。

「職務と勤務態様の特殊性」とは，具体的には，専門的で高度な素養を必要とし，その向上のために研修が要請されること（職務の特殊性），そして修学旅行や遠足などの活動や家庭訪問という教師個人の勤務など学校を離れて行われる勤務があること（勤務態様の特殊性）を指す〔表15-1〕。その特殊性が，勤務時間管理になじまないとして，法律上は残業をしていないということである。それゆえ先に述べたとおり，政府主導による働き方改革関連法（残業時間の罰則付き上限規制）の対象にも，公立校教員は最初から含まれていない。学校という領域は，長時間労働が課題とされつつもその改革の波からは取り残されている。

給特法は2019年12月に臨時国会で改正（2020年4月から施行）され，「在校等時間」という概念の導入により，定時を超えた業務の時間が公式にカウントされるようになった。しかしながらそれは正式には，労働基準法上の労働，すなわち残業代（割増賃金）が支払われるべき業務として取り扱われているわけではない（給特法の詳細については第13章を参照）。改正を経てもなお，公立校教員の労働は特殊な位置づけを与えられており，それが不払い労働の土台を築いている。

ただし先述のとおり，教師の長時間労働はけっして奴隷のように一方的に酷使されているわけではない。むしろ，教育の専門家としてお金や時間に関係なく子どもに尽くすことは美徳としてとらえられる傾向がある。給特法はその意味で，聖職者論との親和性がとても高い。また給特

表15-1　教職の特殊性

給特法に規定する仕組みの考え方
～給特法の制定経緯から～

1．教師の職務と勤務態様の特殊性

（1）職務の特殊性

○子供の「人格の完成」を目指す教育を職務とする教師は，極めて複雑，困難，高度な問題を取扱い，専門的な知識，技能を必要とされるなどの職務の特殊性を有している。

○また，実際の教育の実施に当たっては，専門的な職業としての教師一人一人の自発性，創造性が大いに期待されるところ。すなわち，教育に関する専門的な知識や技術を有する教師については，すべての業務にわたって専ら管理職からの命令に従って勤務するのではなく，むしろ勤務命令が抑制的な中で，日々変化する子供に向き合っている教師自身の自発性，創造性によって教育の現場が運営されることが望ましい。

（2）勤務態様の特殊性

○時間的拘束性の強い授業時間とそれ以外の放課後や特に夏休み等の長期休業期間においては，この時間をどのように有効に活用するのかについて，通常の指揮命令の下で勤務する一般の行政職とは異なり，教師の自発性，創造性に待つところが大きい。

○そのため，放課後においては，校長等による承認の下に学校外での勤務（図書館での教材研究など）ができるよう運用上配慮することが適当。また，夏休み等においては研修（承認研修）のために活用することが適当であるとされ，場所は自宅で行うことも想定。

○またこうした中で，学校外での勤務については，管理職が教師の勤務の実態を直接把握することが困難な部分がある

（出所）　中央教育審議会「学校における働き方改革特別部会（第18回）」（2018年10月15日開催）の配付資料より転載。

法は「職務と勤務態様の特殊性」に立脚しているという点で，（厳密には「専門職」の内実をどのように定義するかに左右されるものの）字義的には専門職論の視点とも重なりがある。このように教師の世界は他の職種から隔離された特殊的・特権的な立ち位置を維持するなかで，長時間にわたる労働を蓄積してきたと言える。

2. 労働者としての時間意識

(1) 規制なき長時間労働

他職種から区別される特殊な教師の働き方は,「時間管理なき長時間労働」と表現することができる。具体的には,第一に残業時間(残業代)が計上されず,第二に休憩時間が実質的に確保されず,第三に持ち帰り仕事が存在する。

まずは,第一の残業時間について,すでに述べたとおり公立校の教員については,定時を超えて働いてもその対価は発生しない。いわば「定額働かせ放題」の状況である。それゆえ2016年度の教員勤務実態調査では,出勤の管理方法としてICTやタイムカードなどの機器を用いた客観性の高い記録方法をとっている小中学校は,2割程度にとどまっている。他方で,「出勤簿への押印」と「報告や点呼,目視などにより管理職が確認」が約8割を占めている。退勤の管理も同様で,小中学校いずれも約6割が「報告や点呼,目視などにより管理職が確認」である。「押印」や「目視」では,勤務時間を客観的に計測し管理することは難しい。

なお,給特法は公立校教員に適用される法律であるため,私立や国立の学校の教員の残業に関しては,民間企業と同様に,労働基準法第37条が適用されて,残業代が支払われることになっている。ところが私立校を対象とした調査からは,興味深い結果が得られている。私立校はそもそも各校の独自色が強いとはいえ,その教育活動は公立校に準じて行われている。これは教師の働き方にも当てはまる。

2018年1月に公開された「第3回私学教職員の勤務時間管理に関するアンケート調査報告書」(調査実施期間は2017年6月～7月。調査対象は全国にある私立高校約1,000校で,回答数は高校が332校)を参照すると，時間外労働分の残業代を支払っているのは12.1%のみであった。多くの学校は教職調整額を導入しており，教職調整額のみを支払う学校が24.2%，教職調整額＋定額の業務手当を支払う学校が29.4%であった。また教職調整額の割合としては給料月額の４％が多数派（65.7%）であった。給特法に固有の「教職調整額」なる概念が私立校にも存在しており，月額４％という水準までも公立校と同様である。

（２）　休憩なき長時間労働

第二の特徴として，教師は長時間労働のなかにあって休憩時間をほとんど取っていない。これは教師の労働問題を論じるにあたってしばしば見落とされがちなことである。公立校教員の所定労働時間は７時間45分である。６時間を超えている場合，労働基準法第34条により，使用者は労働者に少なくとも45分の休憩を与えなければならない。ところが教員勤務実態調査によれば，半日にわたって労働がつづくなか，休憩時間は小学校では３分，中学校では４分という結果である。

さらに驚くべきは，連合総研の調査（2015年12月実施）によると，制度上の「１日の休憩時間数」について，小学校では45.0%の教員が，中学校では48.8%の教員が「知らない」と回答している（連合総合生活開発研究所『とりもどせ！教職員の「生活時間」』）。半日にわたって勤務がつづくなか，休める時間は皆無に近い。休憩なきノンストップ勤務である。

第三の特徴として，仕事を持ち帰るということである。「教員勤務実態調査」の結果を参照すると，小学校教員の持ち帰り仕事は平日29分，土日68分，中学校教員は平日20分，土日70分にのぼる〔表15-２〕。授業準備や試験問題の作成など，特に個人情報の持ち出しに関連しない業務が，自宅で行われる。

表15-2　「教員勤務実態調査」における教諭の勤務時間数

時間：分

	平　日					
	合計（持ち帰り含む）		学内勤務時間（持ち帰り含まない）		持ち帰り時間	
	平成18年度	平成28年度	平成18年度	平成28年度	平成18年度	平成28年度
小学校	11:10	11:45	10:32	11:15	0:38	0:29
中学校	11:23	11:52	11:00	11:32	0:22	0:20

	土　日					
	合計（持ち帰り含む）		学内勤務時間（持ち帰り含まない）		持ち帰り時間	
	平成18年度	平成28年度	平成18年度	平成28年度	平成18年度	平成28年度
小学校	1:45	2:15	0:18	1:07	1:26	1:08
中学校	3:12	4:33	1:33	3:22	1:39	1:10

（出所）「『公立小学校・中学校等教員勤務実態調査研究』調査研究報告書」より転載。

なお休憩時間と持ち帰り仕事については，改正給特法の「在校等時間」をめぐって留意すべきことがある。「在校等時間」は，けっして教師の労働の総体を示しているわけではない。たしかに「在校等時間」には，物理的に校内にとどまっている時間だけではなく，校外において職務として行う研修や子どもの引率等の職務に従事している時間も含まれている。だが，教師の業務の特徴として知られている業務の持ち帰りについては，学校の仕事は原則として持ち帰らないこととされており，在校等時間としてはカウントされない。また，休憩時間中に業務に従事している場合も，在校等時間としては換算しないこととされている。

（3）　教育は無限，教師は有限

学校は総じて，労働上の「時間意識」を失った職場である。民間企業ではタイムレコーダーで厳格に管理されているが，学校ではそもそも何時間働いているのかさえわからない時代が長くつづいてきた。労働時間が管理されないと，実質的に残業をしていても，それが数値として見えてこない。こうして気がつかないうちに残業時間が増えていく。

これは使用者側にとっては，都合のよい仕組みである。なぜなら，仕事を労働者にいくら押しつけても，残業代を支払わなくてよいからである。「コスト意識」の欠落である。国や自治体は，財政面の不安を感じることなく，教師の善意に甘えるかたちで業務を次々と増やしてきた。また教育学関係者も次々と新たな教育内容や指導事項を学校に押しつけてきた。いずれも「子どものため」という聖性を付与されたスローガンが，現場からの抵抗を困難にしてきた。

教育は無限である。一方で，それを担ってくれる教師は，無限にいるわけではない。「教育は無限」だとしても，「教師は有限」である。一人ひとりの教師には，活動できる時間と体力に限界がある。

この条件下で採用されるべき指針とは，有限の教師に教育を合わせていくということである。リソースとしての教師に制約があるなかで，各種教育活動に優先順位をつけていく。そして優先度の低い活動については，たとえ「子どものため」であったとしてもそれを削っていくという覚悟が，教育関係者すべてに求められる。

3. 学校による介入と業務負担の拡大

(1) 自由への介入

教師はお金や時間に関係なく子どものために尽くすものだという学校内外からの期待は，教師の長時間労働を招いてきた。だがこれは見方を変えると，教師がその業務の管轄を拡げていく過程でもある。特殊的・特権的な専門家集団が，その権力の及ぶ範囲を拡大させている。

たとえば，学校が子どもの私生活にまで踏み込んで，直接的な指導を行っていることを思い起こすとよい。全国のいくつかの地域には「4時禁」というルールがある。「4時禁」とは「4時まで外出禁止」の略称で，学校が午前中で終わって子どもが帰宅した際に，午後4時までは家から出てはならないというルールである。

帰宅後の行動規制は，「4時禁」に限られない。家族旅行であっても事前に学校の承認が必要であったり，友人宅での外泊を禁止したり，夏休み期間中のお祭り会場に教師がパトロールと称してやって来たりと，保護者の管理下にあるはずの子どもの自由時間に，学校が当然であるかのように介入してくる。学校の門を出てしまえば，子どもがどのような行動をとろうと自由である。まして帰宅後ともなれば，そこでの行動を制約する権限は，学校にはない。

酒井朗は，学校教育で用いられる「指導」という言葉から，長時間労働を支える学校文化を読み解く。アメリカの教師が多用する teach や instruct とは，特定の知識やスキルであり（分数を teach する，作文の書き方を instruct するなど），そこには教師の役割が教授者としての側面に限定されていることがわかる。ところが，日本の教師が多用する「指導」とは，学習のみにとどまらない。進路指導，生活指導，清掃指導，給食指導，部活動指導など，多岐にわたる。「指導」という言葉は，学校内のあらゆる営みを教育的に意味づけ，教師の本来業務にあたるものと認識させている。この指導の文化が長時間労働の現状を支えている（酒井 1998）。

（2） 学校の管理責任はどこまでか

教育行政学者の浦野東洋一は，2007年に発表した「登下校時の児童の安全確保の責任構造に関する一考察」という論考の中で，通学路の安全管理の責任主体について検討を加えている。

当時は，2005年11月に広島市で，翌12月に栃木県今市市（現，日光市）で小学１年女児が相次いで連れ去られて殺害されるという痛ましい事件が発生し，文部科学省からは12月６日に「登下校時における幼児児童生徒の安全確保について」という通知が発出されて，通学路の安全点検の徹底や登下校時における子どもの安全管理の徹底が指示されていた。

通知に記されているさまざまな対応策について，浦野は「それらを全部実施することは，学校（教職員）に膨大な負担を課すことになり，事実上不可能」であり，また「責任構造論がなにも書かれていない」と指摘する。

学校の活動において負傷・疾病が生じた場合に，その医療費が給付される日本スポーツ振興センターの災害共済給付制度では，「学校の管理下」とは，授業や学校行事，さらには部活動などに加えて，「児童生徒等が通常の経路及び方法により通学する場合」（独立行政法人日本スポーツ振興センター法施行令第５条）が含まれる。学校内で教師が直接にかかわりをもって展開される活動だけでなく，登下校もまた「学校の管理下」である。登下校中に転倒したり，交通事故に遭ったりした際には，医療費が支給される。

ただし，これは災害共済給付という法制度の規定であることに留意せねばならない。浦野は，「『共済』は『社会保険』の一種であり，『学校の管理下において生じたもの』とみなすという規定は，社会保険の制度技術的な，実務的規定であり，安全確保の責任の所在を示す法規定ではないと考えられる」と指摘する。そして，登下校時の「『安全確保の責任』は保護者にある」もので，「教職員には，緊急時を除けば『安全確保の責任』はない。教職員の責任は，通学マップの作成と通学指導に限られる」と整理する。

表15-3　学校や教師が担うべき業務の分類

基本的には学校以外が担うべき業務	学校の業務だが，必ずしも教師が担う必要のない業務	教師の業務だが，負担軽減が可能な業務
①登下校に関する対応 ②放課後から夜間などにおける見回り，児童生徒が補導された時の対応 ③学校徴収金の徴収・管理 ④地域ボランティアとの連絡調整	⑤調査・統計等への回答等 ⑥児童生徒の休み時間における対応 ⑦校内清掃 ⑧部活動	⑨給食時の対応 ⑩授業準備 ⑪学習評価や成績処理 ⑫学校行事の準備・運営 ⑬進路指導 ⑭支援が必要な児童生徒・家庭への対応

（出所）働き方改革答申の29頁に掲載されている表から項目名のみを取り出した。

働き方改革答申においても，同様の見解が示されている。「登下校に関する対応」について，「通学路を含めた地域社会の治安を確保する一般的な責務は当該地域を管轄する地方公共団体が有するものであることから，登下校の通学路における見守り活動の日常的・直接的な実施については，基本的には学校・教師の本来的な業務ではなく，地方公共団体や保護者，地域住民など『学校以外が担うべき業務』」とされる〔表15-3〕。

また，「放課後から夜間などにおける見回り，児童生徒が補導されたときの対応」についても，「地域社会の治安を確保する一般的な責務は当該地域を管轄する地方公共団体が有するもの」であり，子どもが補導された場合の対応などについては，「第一義的には保護者が担うべき」としている。

（3） 学校依存社会

子どもが学校の門を出れば，それは保護者に子どもを返したことになる。ましてや土日や長期休暇中ともなれば，学校の権限はまったく及ばず，保護者の管理責任が問われる。ところが，そうなっていない。

街の中を歩く生徒の姿を「だらしない」と感じた住民は，自分で生徒を諭すこともなく，また保護者を探し出すこともなく，学校に文句を言う。フードコートで生徒が長時間にわたっておしゃべりをしている。お店からの苦情を受けて，教師が謝りに向かう。週末に生徒が，道路のガードレールに落書きをした。それを教師が消しに行く。夏休み中に友人宅に外泊したところ，友人間でトラブルが発生した。保護者ではなく，教師がその解決に時間を割く。

学校こそが子どもの行動を取り締まり，それを保護者や地域住民も当然のこととみなしている。こうした，社会の構成員が子どもの広範な管理を学校に求めようとする社会を，筆者は「学校依存社会」と呼んでいる。これは言い換えれば，教師が子どもの自由な領域にまで越権的に介入していく社会でもある。家庭側が自由に選択できるはずの領域にまで，学校側の厳しい管理が堂々と及んでいく。生徒に対する取り締まりと教師の長時間労働は，同じ土壌に根を張っている。

「学校依存社会」の恐ろしいところは，依存していることがもはや当たり前になっていて，そこに気づけないことである。越権行為による介入を受けている家庭でさえも，そして負担を強いられている教師でさえも，それを自明視している。

学校がその権限を逸脱してまで，子どもの生活圏内に介入すべき理由はない。学校は，ときに体罰まで行使しながら，警察や司法，軍隊，福祉などの業務を引き受け，丸抱えしてきた（丸抱えさせられてきた）。これでは，学校の長時間労働はけっして解消しない。

だからといって，現実に起きてしまったトラブルを放置するわけにはいかない。業務を担ってきた教師の「後任」はだれなのか。どこまで介入すべきなのか。学校の働き方改革は，私たち市民全体の課題である。

学習課題

1．教師にとっては負担であるにもかかわらず，使命感として背負っている業務を例示する。
2．学校の負担削減に際して，保護者あるいは地域住民の理解が得られそうな業務を例示する。

引用・参考文献

・今津孝次郎・樋田大二郎編（2010）『続・教育言説をどう読むか：教育を語ることばから教育を問いなおす』新曜社
・永井聖二（1988）「教師専門職論再考：学校組織と教師文化の特性との関連から」『教育社会学研究』第43巻，pp.45-55.
・酒井朗（1998）「多忙問題をめぐる教師文化の今日的様相」志水宏吉編『教育のエスノグラフィー：学校現場のいま』嵯峨野書院，p.223-250.
・佐藤学（1996）『教育方法学』岩波書店
・連合総合生活開発研究所（2016）『とりもどせ！教職員の「生活時間」』
・浦野東洋一（2007）「登下校時の児童の安全確保の責任構造に関する一考察」『帝京大学文学部教育学科紀要』32号，pp.1-8.

索引

＊配列は，日本語は五十音順，英文関係はアルファベット順。

●た　行

分担執筆者紹介

（執筆の章順）

西田　佳史（にしだ・よしふみ）

・執筆章→2・3・4

1998年　東京大学大学院工学系研究科博士課程修了，博士（工学）取得
1998年　通商産業省 工業技術院 電子技術総合研究所入所
2001年　独立行政法人 産業技術総合研究所 デジタルヒューマン研究ラボ研究員
2015年　国立研究開発法人 産業技術総合研究所 人工知能研究センター 首席研究員
現在　国立大学法人東京工業大学 工学院機械系教授
専攻　機械工学，人間工学，傷害予防学
所属学会　日本ロボット学会，日本人工知能学会，日本子ども安全学会，日本市民安全学会，日本小児保健協会，日本公衆衛生学会など

主な著書・論文

- Yoshifumi Nishida et al. "Data-driven Child Behavior Prediction System Based on Posture Database for Fall Accident Prevention in a Daily Living Space,"（Journal of Ambient Intelligence and Humanized Computing, 2020）
- 『保育・教育施設における事故予防の実践 事故データベースを活かした環境改善』（共著　中央法規出版，2019）
- 『子ども計測ハンドブック』（共著　朝倉書店，2013）
- Yoshifumi Nishida et al. "Development of Childhood Fall Motion Database and Browser Based on Behavior Measurements," Accident Analysis & Prevention, Vol. 59, pp. 432-442, 2013など

社会活動歴

- 消費者庁安全調査委員会臨時委員，東京都商品等安全対策協議会委員，NPO法人 セーフキッズジャパン理事，キッズデザイン賞審査員など

大伴　茉奈（おおとも・まな）

・執筆章→5・6・7

2013年　早稲田大学大学院スポーツ科学研究科修士課程　修了
2016年　早稲田大学大学院スポーツ科学研究科博士後期課程　満期退学
2017年　博士（早稲田大学：スポーツ科学）取得
現在　独立行政法人日本スポーツ振興センター　国立スポーツ科学センター　研究員
専攻　スポーツ医学，スポーツ外傷・障害予防，スポーツ脳振盪，学校安全
所属学会　日本臨床スポーツ医学会，日本アスレティックトレーニング学会（学術委員），日本こども安全学会（理事）など

主な著書・論文

- 『柔道部活動は安全になったか？―頭頚部外傷での死亡・障害事故に着目して―』（共著，日本臨床スポーツ医学会誌，2021年）
- 『みんなでつくる学校のスポーツ安全」（分担執筆，少年写真新聞社，2020年）
- 『第5回国際スポーツ脳振盪会議―ベルリン声明における変更点―』（共著，臨床スポーツ医学，2019年）
- 『スポーツに参加する子ども，指導者，教師，保護者を対象とした脳振盪の教育に関するレビュー』（共著，日本臨床スポーツ医学会誌，2019年）
- 『高校ラグビー選手における脳振盪既往歴と反応時間の関係』（共著，日本臨床スポーツ医学会誌，2017年）など

都島　梨紗（つしま・りさ）

・執筆章→8・9・10

2016年　名古屋大学教育発達科学研究科博士課程後期課程単位取得満期退学
2016年　東亜大学人間科学部　心理臨床・こども学科　専任講師
2017年　名古屋大学教育発達科学研究科にて博士（教育学）取得
2018年　岡山県立大学保健福祉学部　栄養学科　専任講師
現在　同上
専攻　教育社会学，犯罪社会学，社会病理学
所属学会　日本社会学会，日本教育社会学会（研究委員），日本犯罪社会学会（編集委員）など
主な著書・論文

・『非行からの「立ち直り」とは何か―少年院教育と非行経験者の語りから―』（単著，晃洋書房，2021年）
・『犯罪・非行からの離脱を考える』（分担執筆，ちとせプレス，2022年刊行予定）
・「生活者としての非行少年像を捉える」『罪と罰』（58の2・92-104）（一般財団法人日本刑事政策研究会，2021年）
・「更生保護施設におけるスティグマと『立ち直り』――ある非行経験者のスティグマ対処行動に関する語りに着目して――」『犯罪社会学研究』（42・155-170）（日本犯罪社会学会紀要編集委員会，2017年）など

鬼澤　秀昌（おにざわ・ひでまさ）

・執筆章→11・12・13

2012年　東京大学法科大学院修了
　　　　特定非営利活動法人 Teach For Japan 勤務（～2013年）
2014年　弁護士登録
2015年　TMI 総合法律事務所勤務
2017年　おにざわ法律事務所開業
現在　同上
専攻　法律
所属学会　日本スクール・コンプライアンス学会，日本教育法学会，日本 NPO 学会など
主な著書・論文

・『教員×弁護士 対話で解決 いじめから子どもを守る』（共著，エイデル出版，2021年）
・『実践事例から見るスクールロイヤーの実務』（共著，日本法令，2020年）
・「いじめ防止対策推進法から見るいじめ問題への学校の対応の在り方」『スクール・コンプライアンス研究』第8号（2020年）など

社会活動歴

・文部科学省スクールロイヤー配置アドバイザー
・一般社団法人全国子どもの貧困・教育支援団体協議会監事など

編著者紹介

内田　良（うちだ・りょう）

・執筆章→1・14・15

2003年　名古屋大学大学院教育発達科学研究科博士課程後期課程・単位取得満期退学，博士（教育学）取得
2003年　日本学術振興会・特別研究員（PD）
2006年　愛知教育大学教育学部・講師
2011年　名古屋大学大学院教育発達科学研究科・准教授
現在　同上
専攻　教育社会学
所属学会　日本教育社会学会，日本臨床スポーツ医学会，日本体育学会，日本学校保健学会など

主な著書

・『校則改革』（編著，東洋館出版社，2021年）
・『＃教師のバトン とはなんだったのか』（編著，岩波書店，2021年）
・『部活動の社会学』（編著，岩波書店，2021年）
・『学校ハラスメント』（朝日新書，2019年）
・『教師のブラック残業』（編著，学陽書房，2018年）
・『教育社会学のフロンティア２　変容する社会と教育のゆくえ』（編著，岩波書店，2018年）
・『ブラック部活動』（東洋館出版社，2017年）
・『教育という病』（光文社新書，2015年）など

受賞歴など

東海体育学会「平成28年度学術奨励賞」（2016年）
日本教育社会学会「第４回奨励賞（著書の部）」（2011年）
日本教育社会学会「第３回奨励賞（論文の部）」（2008年）
ヤフー「Yahoo!ニュース 個人『オーサーアワード2015』」（2015年）

放送大学教材　1529595-1-2211（テレビ）

学校リスク論

発　行　　2022年３月20日　第１刷
編著者　　内田　良
発行所　　一般財団法人　放送大学教育振興会
〒105-0001　東京都港区虎ノ門1-14-1　郵政福祉琴平ビル
電話　03（3502）2750

市販用は放送大学教材と同じ内容です。定価はカバーに表示してあります。
落丁本・乱丁本はお取り替えいたします。

Printed in Japan　ISBN978-4-595-32311-9　C1337